문해력을 키우는 책만들기 활용북

문해력 쑥쑥, 또냥이의 책놀이터

김지영 지음 / 이한나 그림

문해력을 키우는 책만들기 활용북
문해력 쑥쑥, 또냥이의 책놀이터

초판 1쇄 발행일 | 2023년 9월 15일   **초판 3쇄 발행일** | 2025년 3월 5일
지은이 | 김지영   **그린이** | 이한나
펴낸이 | 권성자   **펴낸 곳** | 도서출판 아이북
주소 | 04016 서울 마포구 희우정로13길 10-10, 1F 도서출판 아이북
전화 | 02-338-7813~7814   **팩스** | 02-6455-5994
이메일 | ibookpub@naver.com
출판등록번호 | 10-1953호   **등록일자** | 2000년 4월 18일

ⓒ김지영 * 아이북 2023 Printed in Seoul, Korea

값 | 10,000원   **ISBN** | 979-11-90715-07-2   73700

* 잘못된 책은 교환해드립니다.
* 이 책의 글과 그림에 대한 저작권은 저자와 출판사에 있습니다. 저작권법에 의해 한국 내에서 보호를 받는 저작물이므로 무단전재와 무단복제를 금합니다.

 책학교몰   책학교TV    책학교 블로그    인스타그램

★ 김지영(책만드는 지영샘)

지영샘은 사랑스런 고양이를 키우며 책만들기를 좋아하는 선생님이에요. 우리 어린이들이 즐겁게 책을 읽고, 자신의 생각을 글로 잘 표현할 수 있으려면 어떤 부분에 도움을 주어야 할지 연구하며 다양한 방법으로 실천하고 있지요. 그동안 『하루 10분 말글책놀이 128』, 『코딱지탐정, 글자도둑을 잡아라』, 『옛날옛적 이야기』 외 11권의 책을 썼어요.

<또냥이의 책놀이터>는요~
기초 문해력을 쑥쑥 키우는 재미난 놀이를 가득 모아놓은 '책만들기 활용북'이에요.

★ 책만들기

책놀이터에 있는 12권의 책을 만들다보면 눈과 손의 기능이 훨씬 좋아져서 글씨 쓰기나 종이 접기, 오리기도 잘하게 되지요. 한 장의 종이를 3차원의 책으로 완성하는 과정을 통해 이해력, 집중력, 공간 감각도 좋아져요. 또 보기만 하는 책이 아닌 직접 만드는 책이기 때문에 책이 주는 새로운 기쁨도 맛보게 된답니다.

★ 말놀이

책놀이터는 말로 하는 재미난 놀이가 듬뿍 들어 있는 말놀이 종합선물 세트예요. 잰말 놀이, 꽁지따기 놀이, 끝말잇기, 초성퀴즈 등 친구들이 좋아하는 놀이가 가득하지요. 말놀이를 열심히 하다보면 새로운 낱말도 많이 알게 되어 어려운 책도 더 잘 읽게 되고, 발표도 잘하게 되지요.

★ 글놀이

책놀이터에는 머리를 갸우뚱하며 상상해서 쓰거나, 흥미로운 도형 안에 친구들의 생각을 채워넣는 등 즐거운 글쓰기 주제가 많아서 얼른 연필을 쥐고 쓰고 싶은 마음이 들게 하지요. 그래서 계속 쓰다보면 일기 쓰기는 물론 나의 생각도 잘 정리해서 쓸 수 있게 된답니다.

★ 미술놀이

책놀이터는 귀여운 또냥이가 주인공이라 책을 더 사랑스럽게 꾸미고 싶은 마음이 들어요. 고운 색도 칠하고, 다양한 디자인도 해주고, 친구들이 아끼는 스티커도 붙여주는 등 멋진 책으로 꾸미다 보면 꼬마 작가는 물론 예술가가 되는 행복한 경험을 하게 된답니다.

〈또냥이의 책놀이터〉는 이렇게 사용해요.

☞ 모든 책은 2장의 종이로 완성되며(예. 1-1, 1-2), 총 12권의 책을 만들 수 있어요.
☞ 첫 번째 장(바탕종이)은 앞·뒤표지가 되고, 두 번째 장(팝업종이)은 책을 꾸며주지요.

1. 책의 형태를 먼저 만들어요.
    ① 바탕종이와 팝업종이의 윗부분에 표시된 굵은 점선(━ ━ ━ ━)을 오려요.
    ② 바탕종이를 반으로 접어요.
    ③ 팝업종이의 굵은 점선(━ ━ ━ ━)을 모두 오려요.
    ④ 가는 점선(··········)을 모두 접어요.
    ⑤ 풀칠 부분을 같은 그림끼리 찾아 풀칠해서 붙여요.

     / /  /  /

2. 만들어진 책 안에 주제에 맞게 글을 쓰거나 그림을 그려 넣으세요.
3. 앞표지에 제목과 작가 이름을 쓰며 완성하세요.

★ 뒤표지로 북케이스를 만들어 12권의 책을 차곡차곡 보관하세요.

1. 뒤표지를 떼어내요.

2. 굵은 점선을 따라 오린 다음 접어요.

3. 풀칠 부분에 풀칠한 다음 케이스 바닥을 올려주며 붙여요.

4. 풀칠 부분에 풀칠한 다음 케이스 앞표지가 보이도록 붙여요.

5. 완성!

6. 12권의 '또냥이' 책을 넣고 클립으로 고정해 주세요.

★ 생선가게에 귀여운 아기 고양이가 나타났어요. 책을 읽는 원이 옆에 가만히 앉아 듣고 있더니 "또, 또, 또, 읽어달라냥!"이라고 말했지요. 원이와 원이 아빠는 고양이 이름을 '또냥이'라고 지어주고, 정성껏 키우기로 했어요.

또냥이
붕어빵을 좋아하고, 모험심이 많으며 책을 읽어주면 예쁘게 앉아서 들음.

원이
동물을 사랑하고, 책 읽기를 좋아함.

원이 아빠
생선가게 주인이고, 인정이 많으심.

<또냥이의 책놀이터>에는요~ 12권의 책만들기 책이 들어 있어요.

1. 또냥이와 반려동물책 - 글놀이: 상상글쓰기, 생각쓰기

원이 아빠와 원이는 책을 좋아하는 고양이 '또냥이'와 함께 살게 되었지요. 우리 친구들은 어떤 반려동물을 키우고 싶은가요? 이름은 뭐라고 짓고 싶나요? 키울 때 어떤 점을 생각해 봐야 할지 나의 반려동물 책을 만들어 보세요.

2. 특별한 붕어빵책 - 말놀이: 끝말잇기, 창의글쓰기

고양이는 생선을 좋아한다고 해요. 그런데 또냥이는 옆집에서 파는 붕어빵만 먹으려고 하네요. 편식은 건강에 나쁜 습관인데 말이죠. 붕어빵에 무엇을 넣으면 좋을까요? 우리가 또냥이의 편식을 고쳐줘 볼까요?

3. 토독토독 우산책 - 글놀이: 브레인스토밍 글쓰기, 동시쓰기

오늘은 원이와 또냥이가 산책을 나갔어요. 그런데 갑자기 하늘에서 비가 쏟아지네요. 우산을 얼른 펴야겠어요. 우산을 보면 어떤 생각이 떠오르나요? 떠오르는 낱말을 적고, 또냥이에게 어울리는 우산으로 꾸며주세요.

4. 알록달록 무지개책 - 마인드맵 완성하기, 삼행시 짓기

비가 쏟아진 후 무지개가 떴어요. 우와! 또냥이가 무지개를 보고는 잡으려고 하네요. 무지개는 일곱 가지 색깔로 보인다고 하지요. 우리 친구들은 여러 가지 색깔을 보면 무엇이 떠오르나요? 떠오르는 낱말이나 느낌을 적어보세요.

5. 알리고 싶은 소개책 - 글놀이: 소개 글쓰기, 창의글쓰기

또냥이가 피곤했는지 새근새근 잠들었네요. 일어나면 또 읽어달라고 조르겠죠? 또냥이에게 추천하고 싶은 책이 있나요? 우리 친구들이 특별히 소중하게 여기는 책, 재미있게 읽은 책은 어떤 것인가요?

6. 뛰어놀고 싶은 마당책 - 말놀이: 꽁지따기 말놀이, 창의글쓰기

옛날이야기를 듣던 또냥이는 숨을 곳도 많고, 올라갈 곳도 많은 기와집이 너무 마음에 들었어요. 넓은 마당이 있다면 더 좋겠지요? 또냥이와 신나게 뛰어놀고, 쉴 수 있는 마당이 되려면 무엇이 필요할까요?

7. 소원을 비는 램프책 - 글놀이: 상상글쓰기, 벤다이어그램 쓰기

오늘 또냥이는 『알라딘』을 듣고는 램프의 요정 지니를 꼭 꿈속에서 만나고 싶었어요. 또냥이는 어떤 소원을 말하고 싶을까요? 우리 친구들은 지니를 만나면 무슨 소원을 말할까요? 행복한 고민을 써볼까요?

8. 글자 바다 낚시책 - 말놀이: 잰말놀이, 낱글자로 낱말 만들기

화창한 일요일이에요. 오늘은 온 가족이 낚시를 하러 바다에 갔어요. 넓은 바다에서 원이 아빠는 물고기를 낚고, 원이와 또냥이는 글자 낚시를 하고 있네요. 누가 더 많이 잡았을까요?

9. 무시무시한 상어책 - 글놀이: 문제해결 글쓰기, 문장 만들기

낚시를 하던 바다에서 무시무시한 상어를 만났어요. 이 상어에게서 살아남는 방법을 알아야 해요. 뭐가 있을까요? 앗, 상어가 다가와요! 원이와 또냥이에게 빨리 세 가지만 알려주세요.

10. 언어대장 말풍선책 - 말놀이: 초성퀴즈, 말풍선 쓰기

또냥이가 동화를 듣다가 갑자기 동화 속 주인공들에게 한 마디씩 하고 싶다고 하네요. 어느새 언어대장이 된 또냥이는 과연 동화 속 주인공에게 어떤 말을 했을까요? 말풍선 속에 우리 친구들의 생각을 써보세요.

11. 슈퍼스타 탄생책 - 글놀이: 창의글쓰기, 가사 바꾸기

또냥이가 텔레비전을 보다가 갑자기 자기도 슈퍼스타 고양이가 되고 싶다고 해요. 어떻게 해야 할까요? 이름도 하나 더 만들어야겠어요. 털 색깔도 바꾸고, 패션도 신경 써야겠죠? 어떻게 꾸며서 대회에 나갈지 방법을 알려주세요.

12. 고마움을 담은 선물책 - 글놀이: 인성글쓰기, 인사말 쓰기

슈퍼스타 고양이 대회에서 또냥이가 우승을 했어요. 멋진 선물을 주고 받으며 파티를 열려고 하네요. 우리 친구들이 생선가게 아저씨와 원이, 또냥이에게 깜짝 놀랄 선물을 해 볼까요? 어떤 선물을 받으면 행복해 할까요?

★ 그림을 보며 만들 수도 있어요.

1. 또냥이와 반려동물책

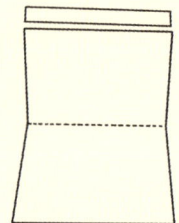 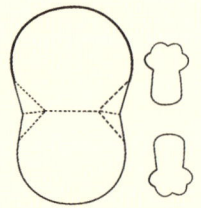 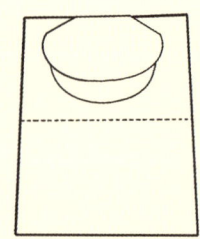 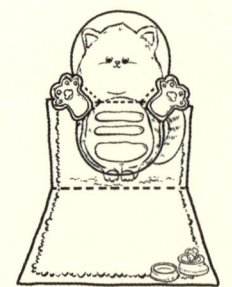

1. 바탕종이를 오리고 반으로 접은 다음 펼쳐요.
2. 팝업종이를 오리고 점선대로 모두 접어요.
3. 그림과 같이 접은 다음 풀칠해서 붙여요.
4. 팔을 붙여 완성해요.

2. 특별한 붕어빵책

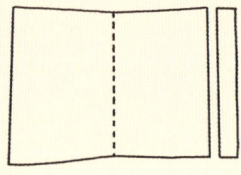 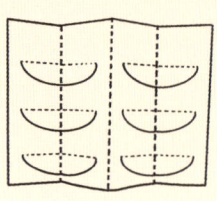 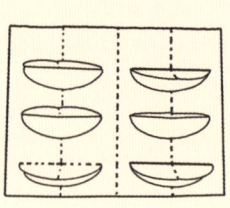 

1. 바탕종이를 오리고 반으로 접은 다음 펼쳐요.
2. 팝업종이를 모두 오리고 접어요.
3. 그림과 같이 펼친 다음 점선대로 접었다 펼쳐요.
4. 바탕종이에 붙여 완성해요.

3. 토독토독 우산책

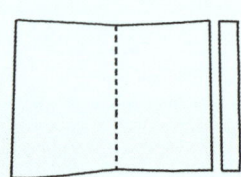 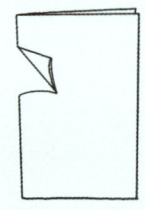 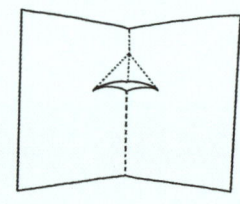 

1. 바탕종이를 오리고 반으로 접은 다음 펼쳐요.
2. 팝업종이를 모두 오리고 접어요.
3. 팝업이 잘 나오도록 빼줘요.
4. 바탕종이에 붙여 완성해요.

4. 알록달록 무지개책

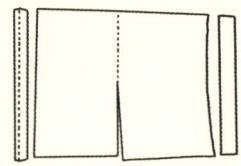 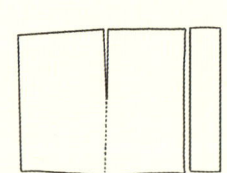  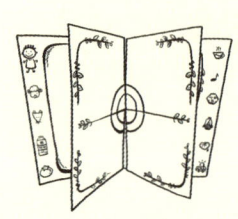

1. 바탕종이를 오리고 반으로 접은 다음 펼쳐요.
2. 팝업종이도 오리고 반으로 접은 다음 펼쳐요.
3. 바탕종이와 팝업종이를 위아래로 끼우고 책등을 붙여요.
4. 한 장씩 넘기며 접어 완성해요.

5. 알리고 싶은 소개책

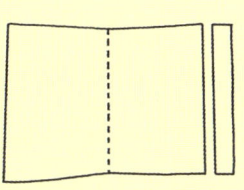 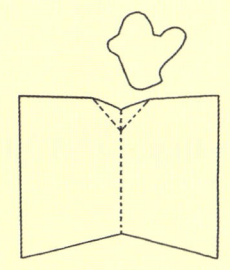 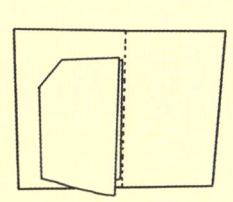 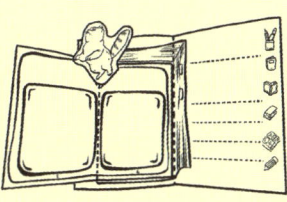

1. 바탕종이를 오리고 반으로 접은 다음 펼쳐요.
2. 팝업종이를 오리고 그림과 같이 접은 다음 붙여요.
3. 바탕종이 위치에 맞게 풀칠해서 붙여요.
4. 팝업이 잘 튀어나오는지 확인하며 완성해요.

6. 뛰어놀고 싶은 마당책

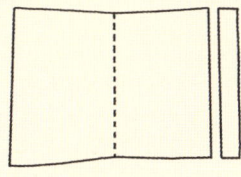 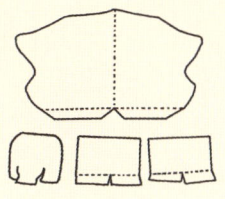 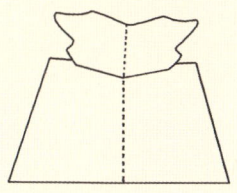 

1. 바탕종이를 오리고 반으로 접은 다음 펼쳐요.
2. 팝업종이를 모두 오리고 접어요.
3. 바탕종이 위치에 맞게 풀칠해서 붙여요.
4. 나머지 팝업도 마당 곳곳에 붙여 완성해요.

7. 소원을 비는 램프책

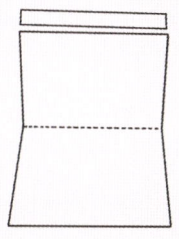 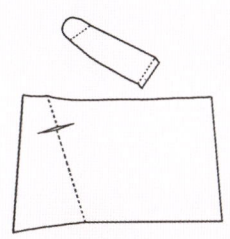 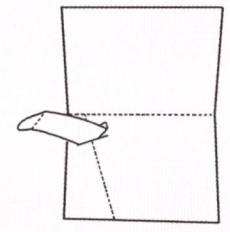 

1. 바탕종이를 오리고 반으로 접은 다음 펼쳐요.
2. 팝업종이를 그림과 같이 오리고 접어요.
3. 바탕종이에 풀칠해서 팝업종이를 붙인 다음 램프를 끼워요.
4. 지니가 잘 나오는지 확인하며 완성해요.

8. 글자 바다 낚시책

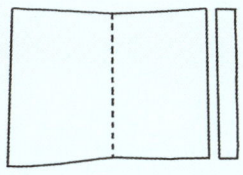 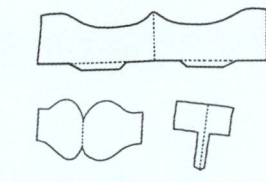 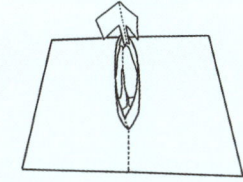 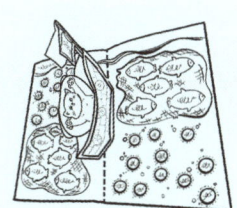

1. 바탕종이를 오리고 반으로 접은 다음 펼쳐요.
2. 팝업종이를 그림과 같이 오리고 접어요.
3. 배 모양 팝업부터 바탕종이에 차례대로 붙여요.
4. 팝업이 잘 튀어나오는지 확인하며 완성해요.

9. 무시무시한 상어책

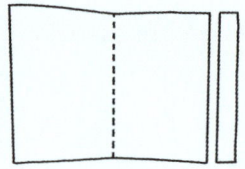 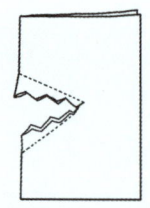 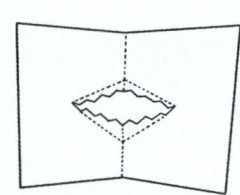 

1. 바탕종이를 오리고 반으로 접은 다음 펼쳐요.
2. 팝업종이를 모두 오리고 접어요.
3. 팝업이 잘 나오도록 빼줘요.
4. 바탕종이에 붙여 완성해요.

10. 언어대장 말풍선책

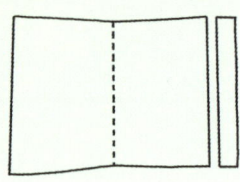  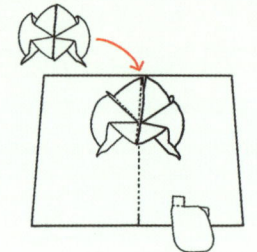 

1. 바탕종이를 오리고 반으로 접은 다음 펼쳐요.
2. 팝업종이를 그림과 같이 모두 오리고 접어요.
3. 바탕종이 위치에 맞게 풀칠해서 붙여요.
4. 팝업이 잘 튀어나오는지 확인하며 완성해요.

11. 슈퍼스타 탄생책

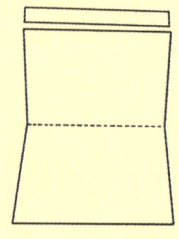 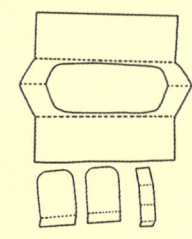 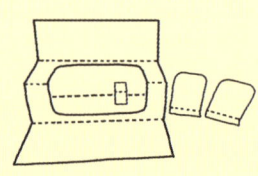 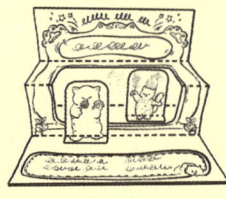

1. 바탕종이를 오리고 반으로 접은 다음 펼쳐요.
2. 팝업종이를 그림과 같이 모두 오리고 접어요.
3. 바탕종이 위치에 맞게 풀칠해서 붙여요.
4. 팝업이 잘 튀어나오는지 확인하며 완성해요.

12. 고마움을 담은 선물책

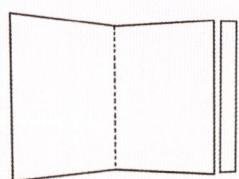 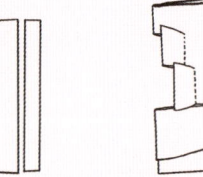 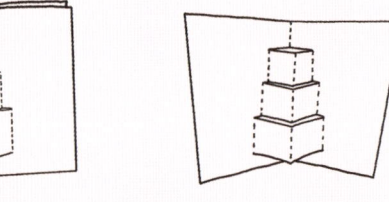 

1. 바탕종이를 오리고 반으로 접은 다음 펼쳐요.
2. 팝업종이를 모두 오리고 접어요.
3. 팝업이 잘 나오도록 빼줘요.
4. 바탕종이에 붙여 완성해요.

1-1 또냥이와 반려동물책

우리 친구들은 어떤 반려동물을 키우고 싶은가요? 키울 때 어떤 점을 생각해 봐야할지 나의 반려동물 책을 만들어 보세요.

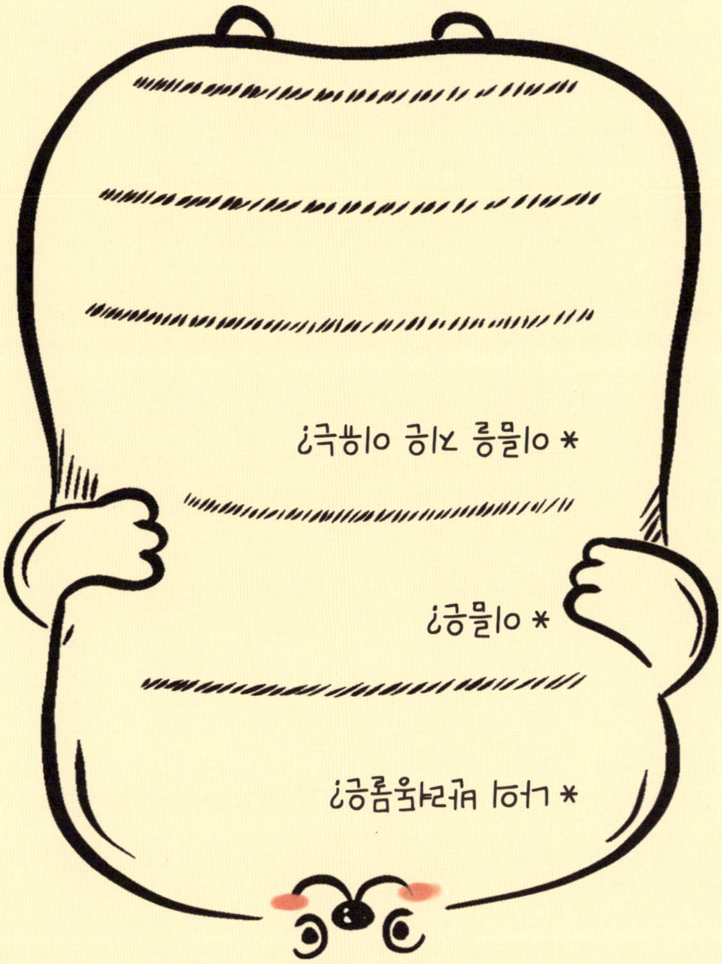

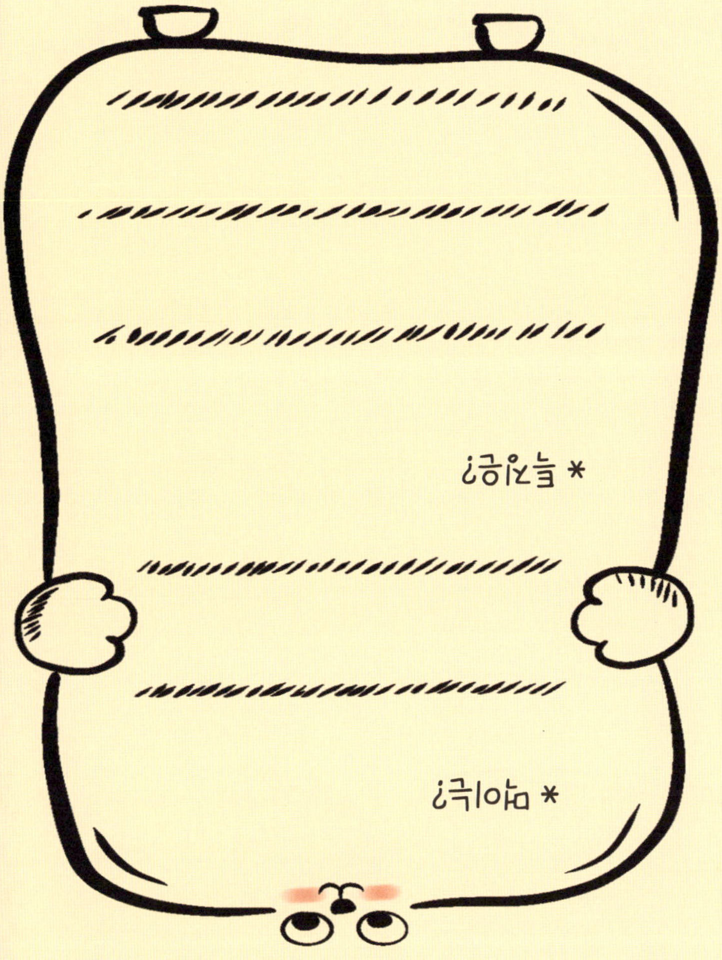

* 이름은?
* 먹이는?

* 이름은 어떻게?
* 이름은?
* 먹이는 무엇을?

책놀이터·1

작가

1-2 또냥이와 반려동물책

* 내 이름을 '또냥이'라고 지은 이유는?

* 나는 어디에서 왔을까?

* 내가 왜 생선가게에서 살게 됐을까?

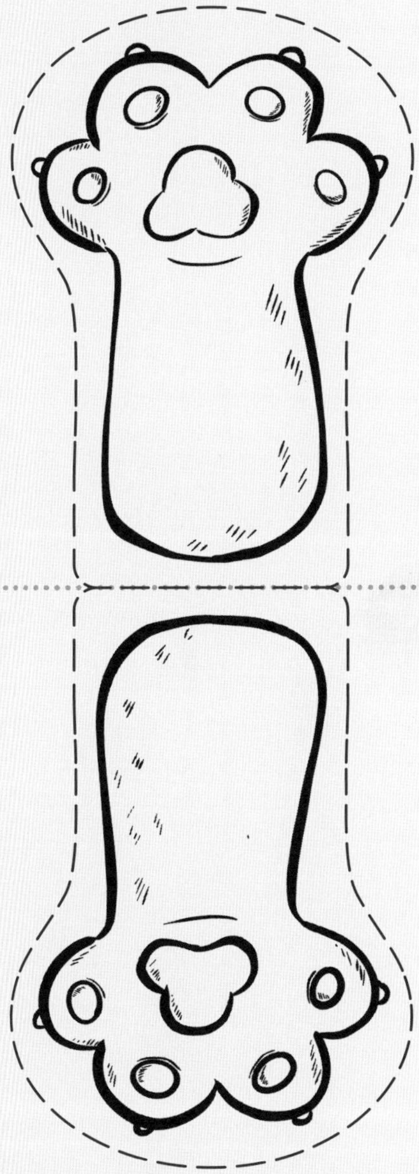

2-1 특별한 붕어빵책

또냥이가 옆집에서 파는 붕어빵만 먹으려고 하네요. 붕어빵에 무엇을 넣으면 좋을까요? 우리가 또냥이의 편식을 고쳐줘 볼까요?

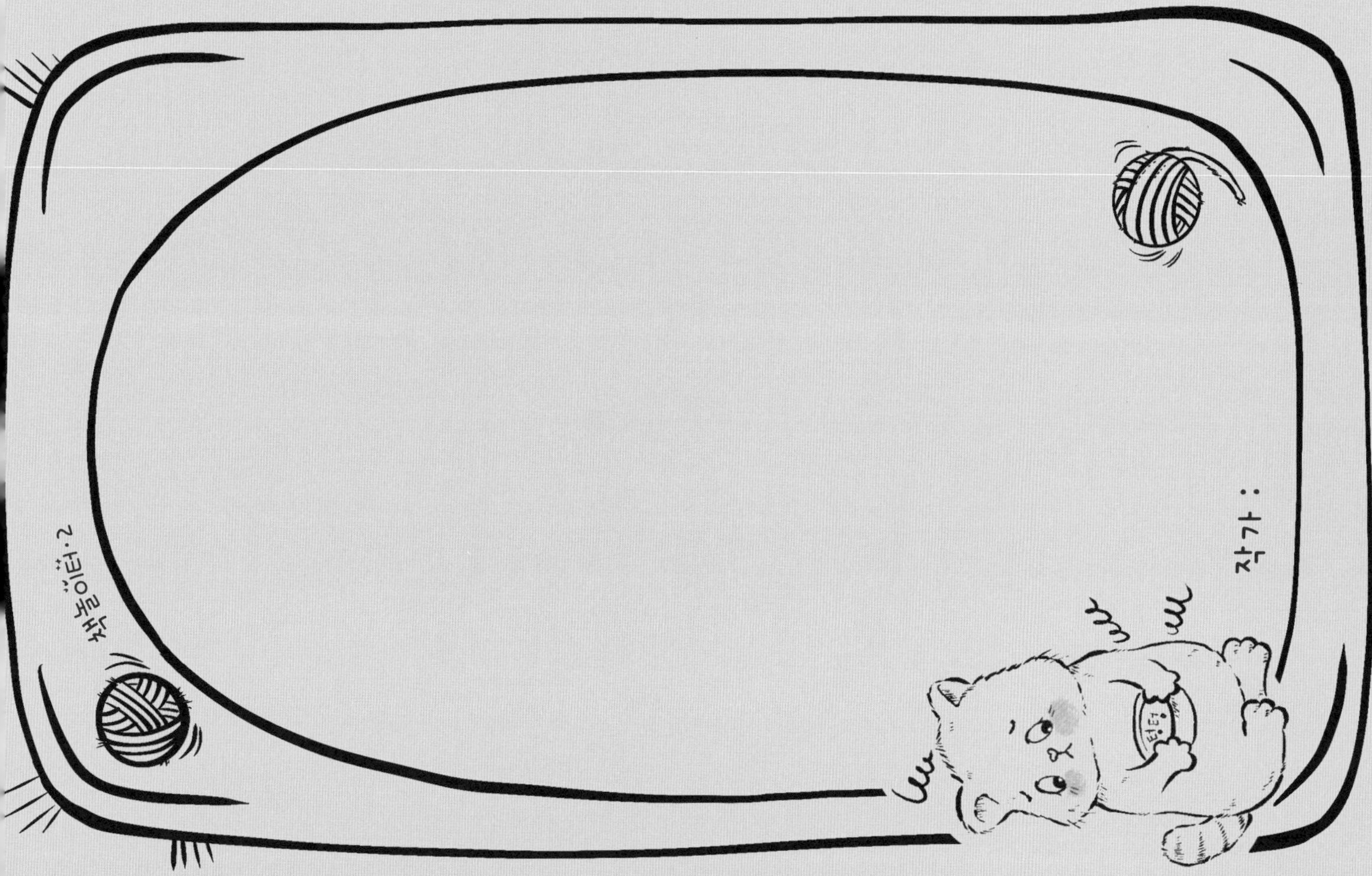

◆ '붕어빵'으로 끝말잇기를 해보자.

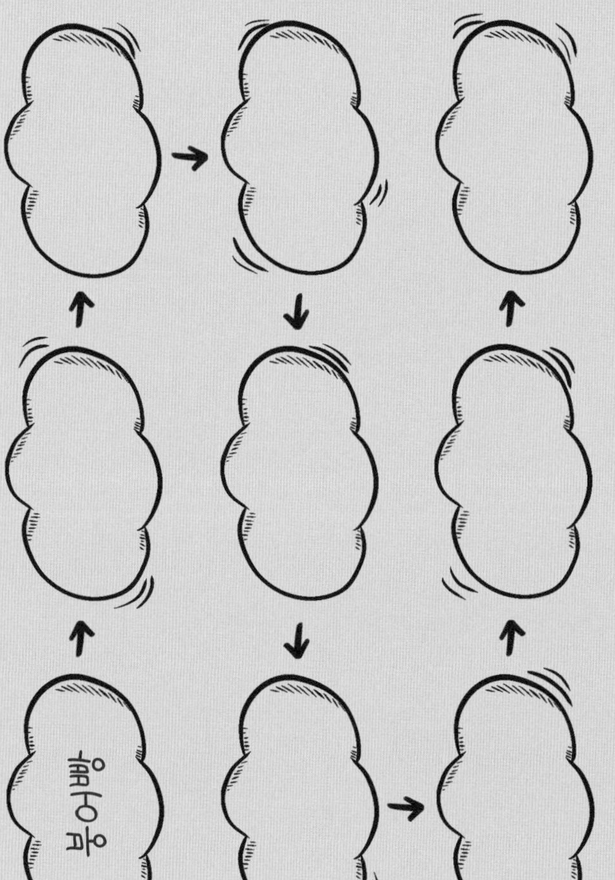

은혜 →

◆ 붕어빵고 어울리는 음식을 쓰고 그려보자.

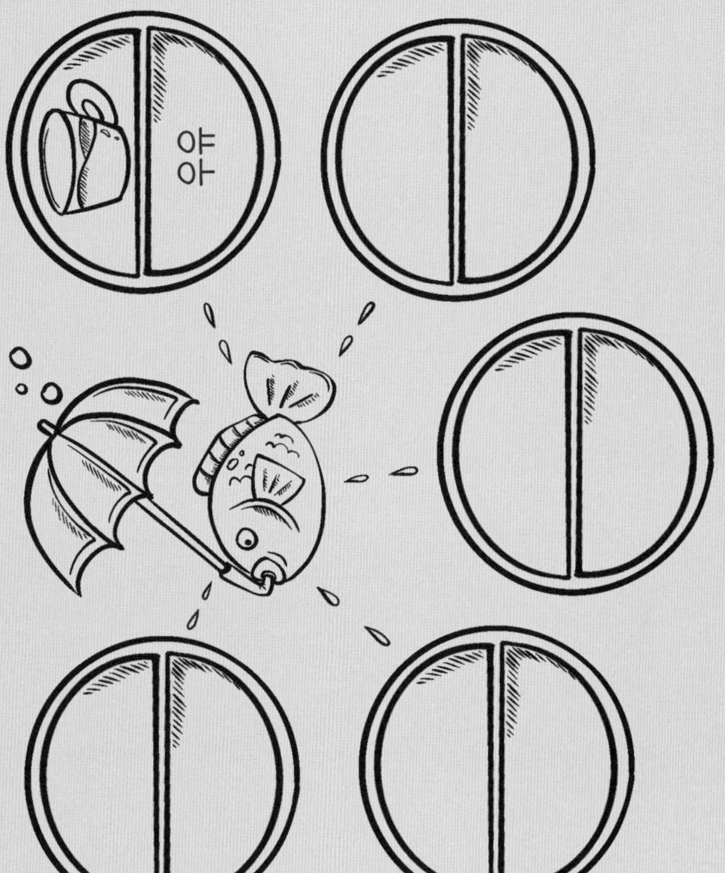

작가 :

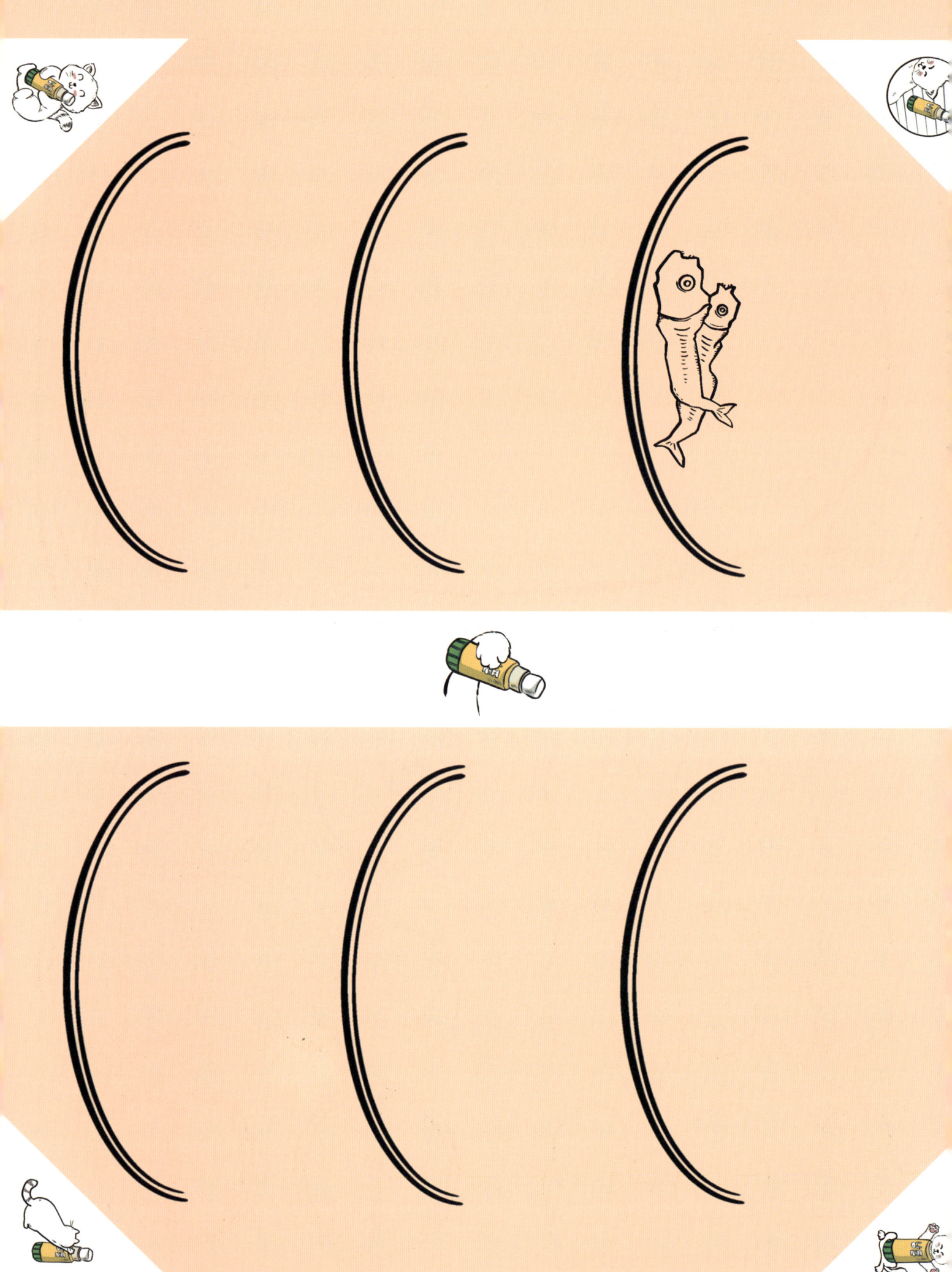

2-2 특별한 붕어빵책

붕어빵 속에 무엇을 넣어볼까요?

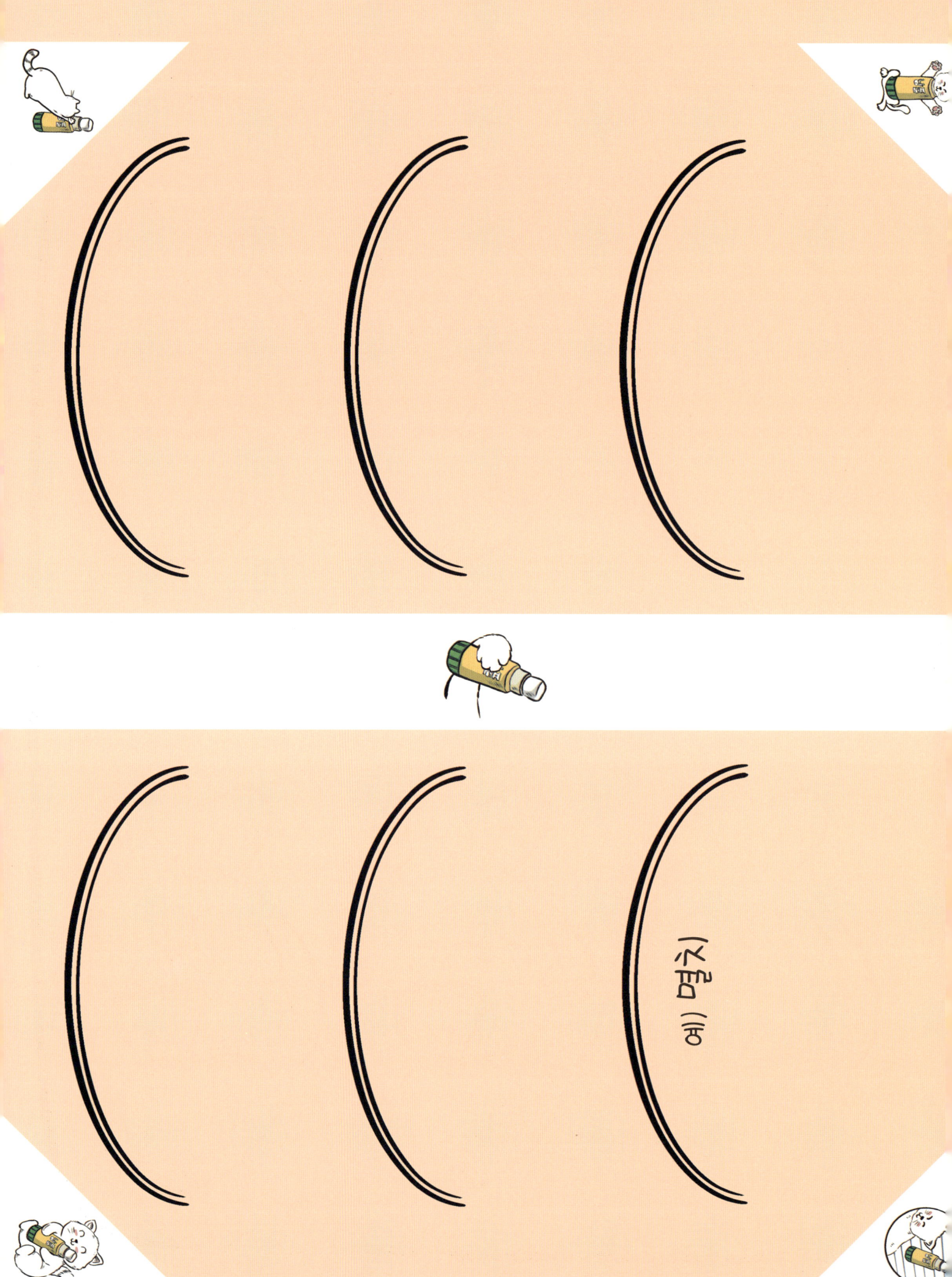

3-1 토독토독 우산책

원이와 또냥이가 산책을 나갔는데 갑자기 하늘에서 비가 쏟아지네요.
우산을 얼른 펴야겠어요. 또냥이에게 어울리는 우산으로 꾸며주세요.

◆ 비 올 때 나는 소리를 떠올려 보세요. 
* 비 올 때 소리는?
* 비 올 때 냄새는?
* 비 올 때 기분은?
* 비 올 때 생각은?

◆ '우산'의 모습으로 지어보세요.

3-2 토독토독 우산책

● '우산'을 보면 떠오르는 낱말들을 잔뜩 쓰고, 또 낱말에게 어울리는 우산으로 꾸며주세요.

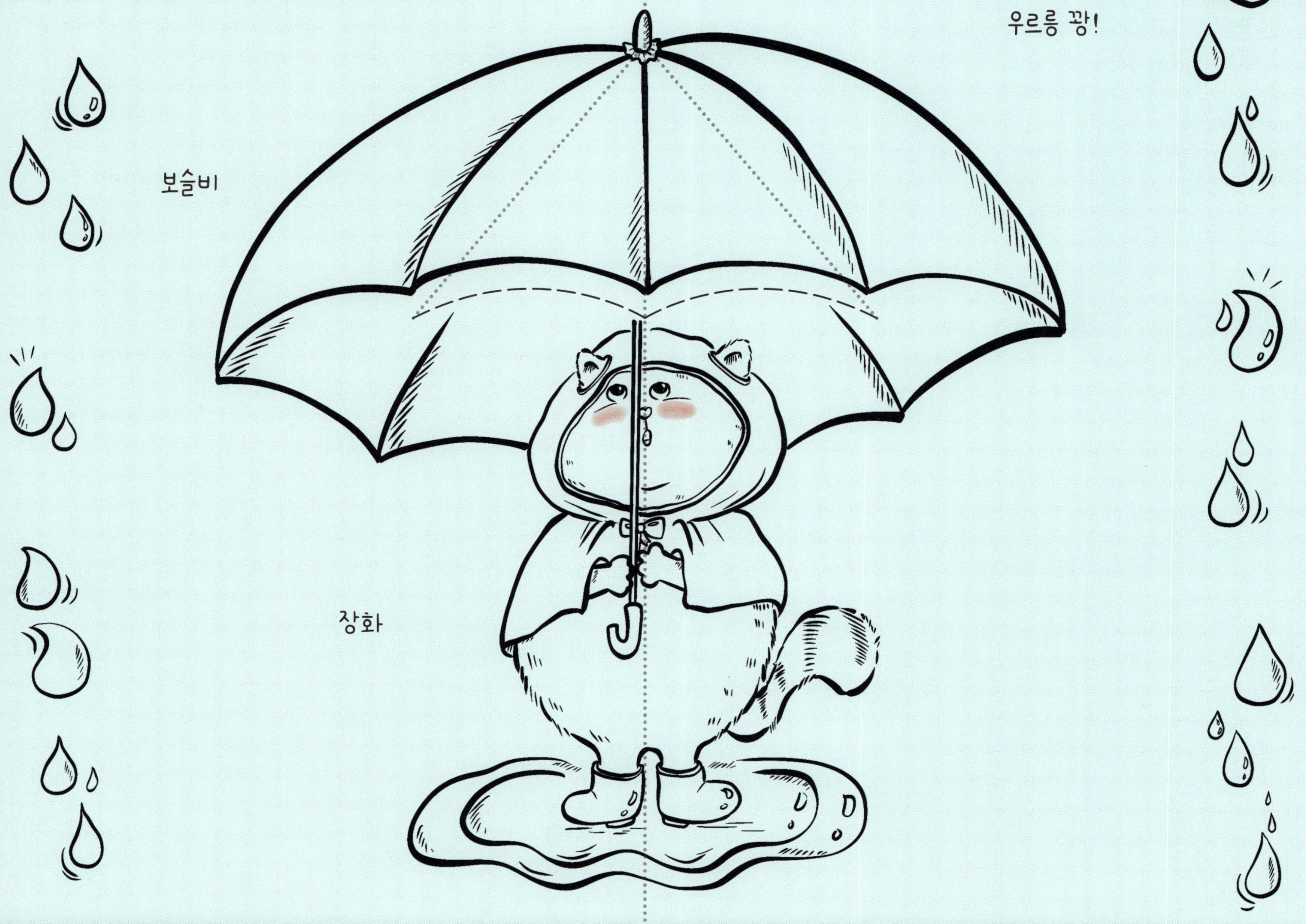

4-1 알록달록 무지개책

비가 쏟아진 후 나타난 무지개를 또냥이가 잡으려고 하네요.
여러가지 색깔을 보며 떠오르는 낱말이나 느낌을 적어보세요.

- 하늘
- 파랑
- 청바지
- 시원하다
- 깨끗하다

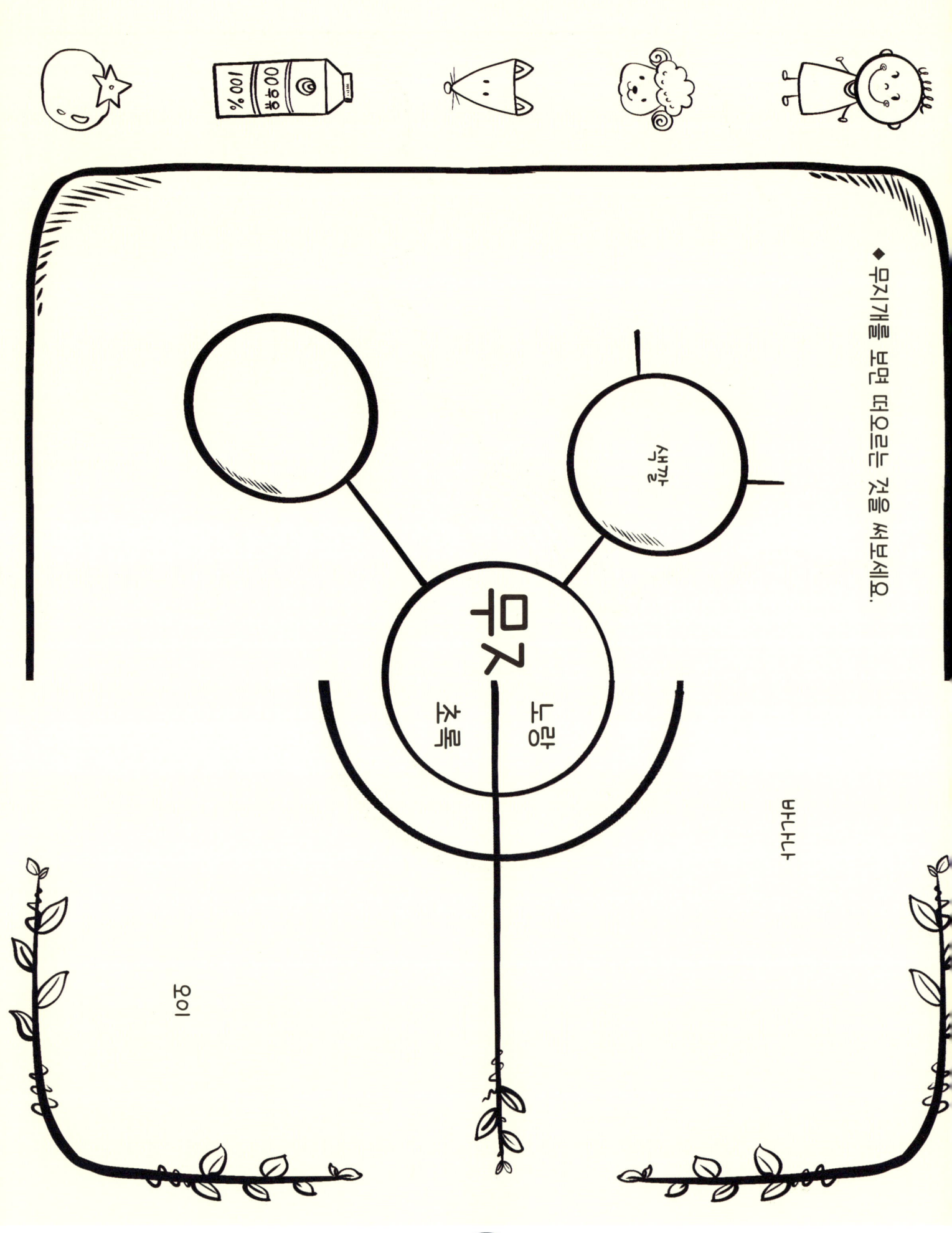

4-2 알록달록 무지개책

17H

◆ '무지개책' 출판기록을 남겨보세요.
* 출간일 :
* 출판사 :
* 글쓴이 :
* 그린이 :
* 책가격 :

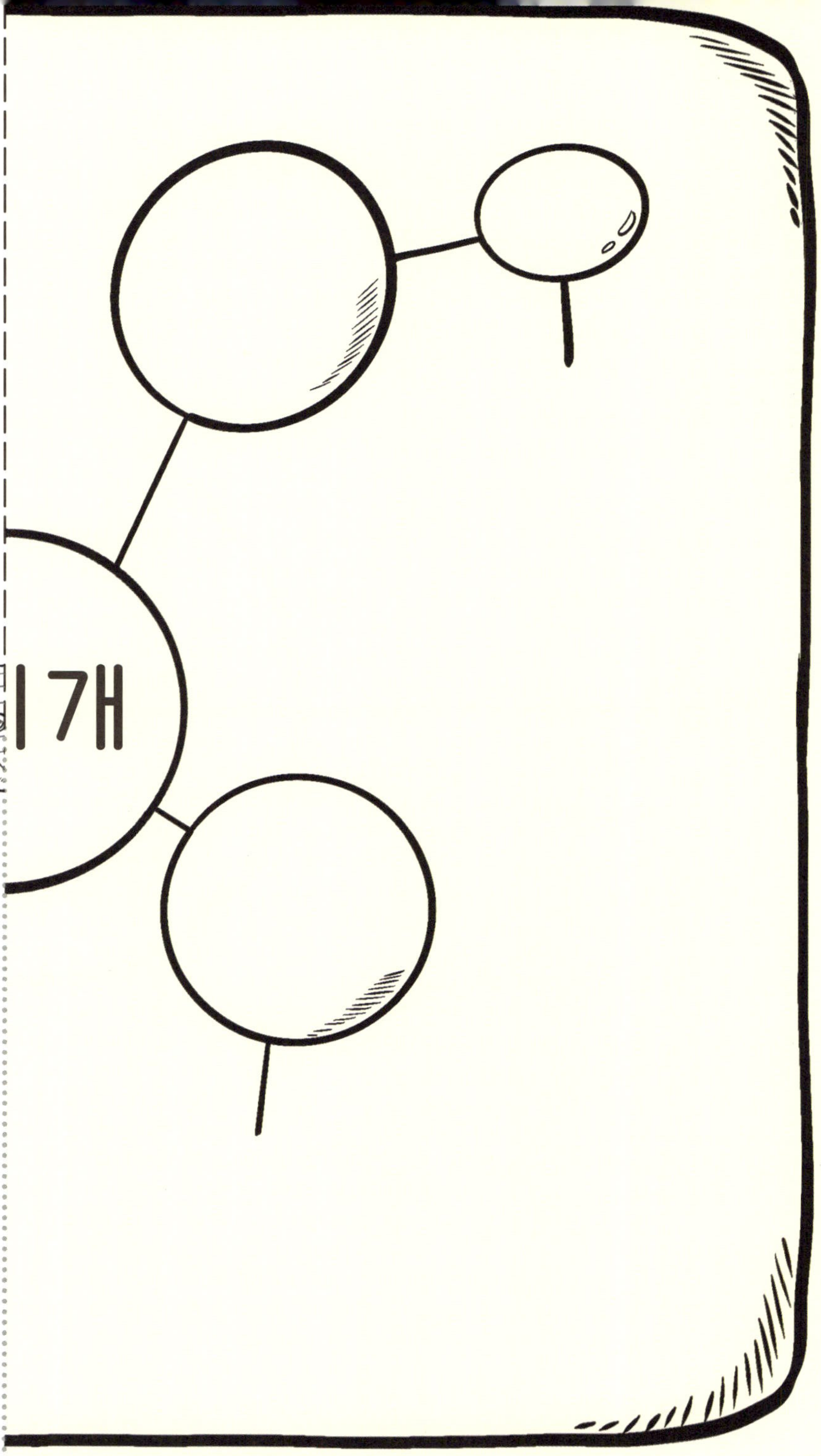

마
지
개

◆ 삼행시를 지어보자.
(예) 또 또 책을 읽어달라,
냠 냠냠거리는 야옹이,
이 이제 그만~ 자라하네!

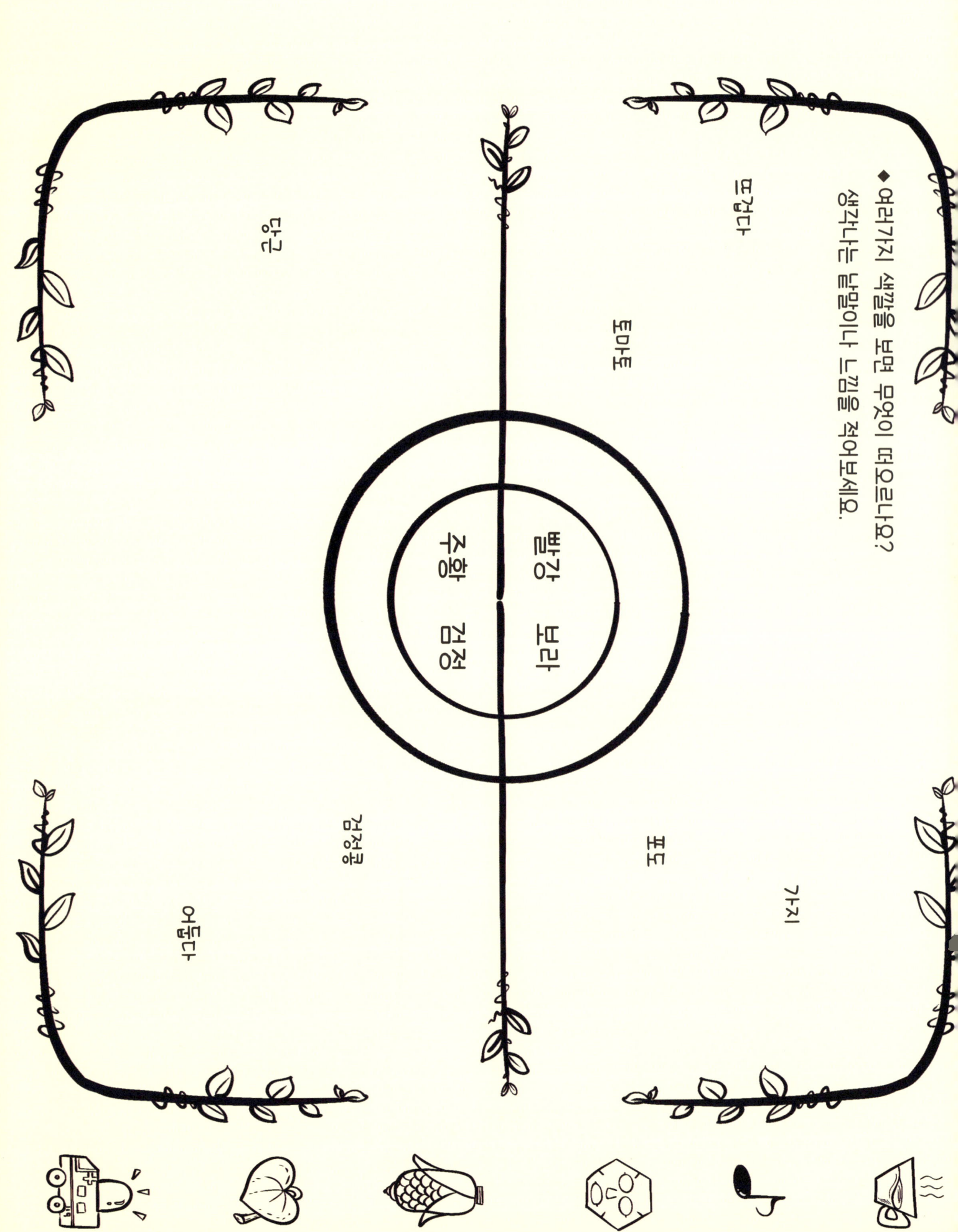

5-1 알리고 싶은 소개책

또냥이가 자고 일어나면 책을 또 읽어달라고 조르겠죠?
또냥이에게 자랑하거나 소개하고 싶은 책은 어떤 것인가요?

제목:

◆ 책을 읽기만 하는 게 아니지요. 다른 어떤 방법으로 사용할 수 있을지 써보세요.

여러 가지 방법을 생각해 보고 쓰기

1
2
3
4
5
6
7

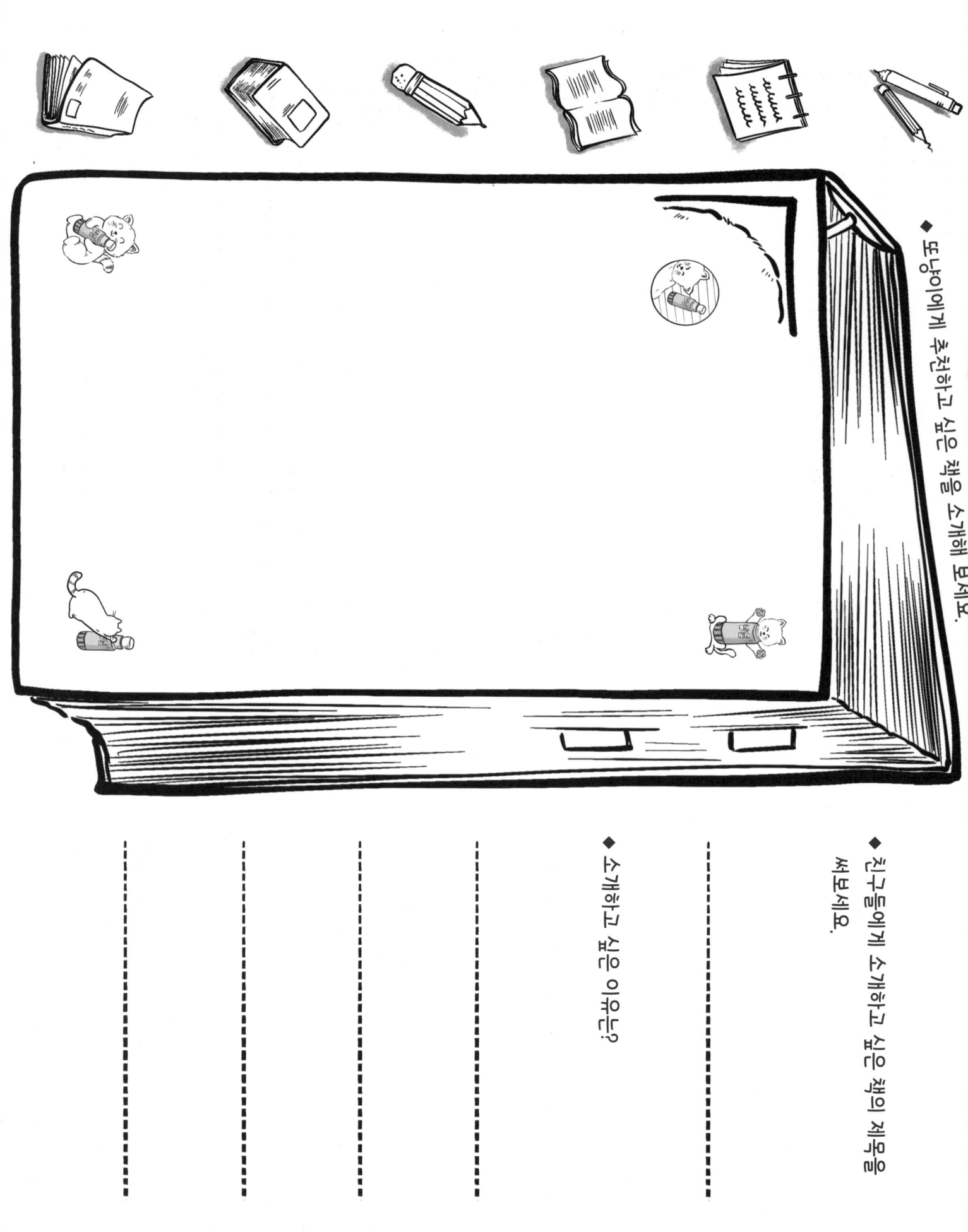

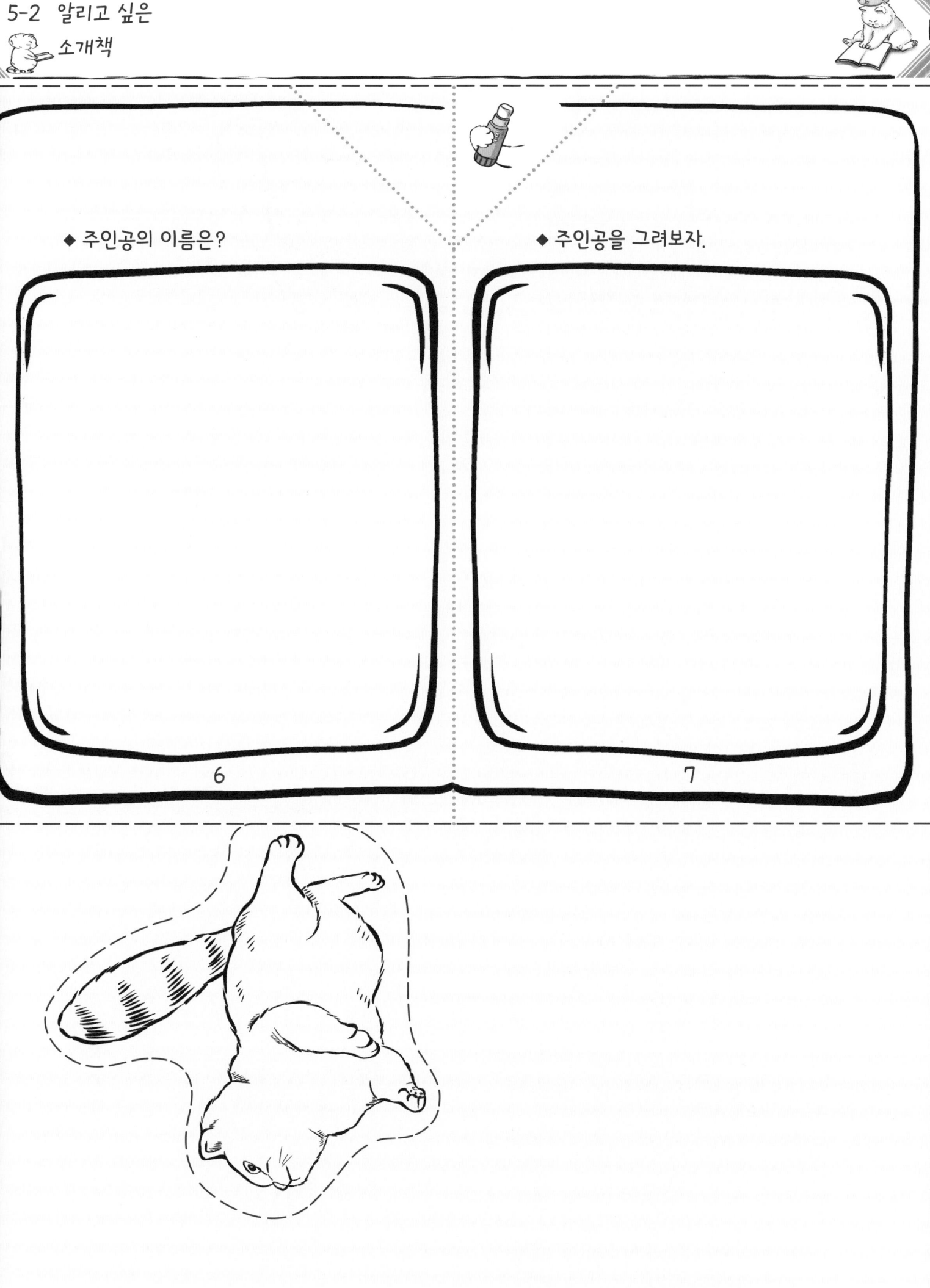

문해력 쑥쑥, 또냥이의 책놀이터 ⓒ 김지영·아이북 202

6-1 뛰어놀고 싶은 마당책

옛날이야기를 듣던 또냥이는 넓은 마당이 있는 기와집이 마음에 들었어요. 또냥이와 신나게 뛰어놀 수 있는 마당이 되려면 무엇이 필요할까요?

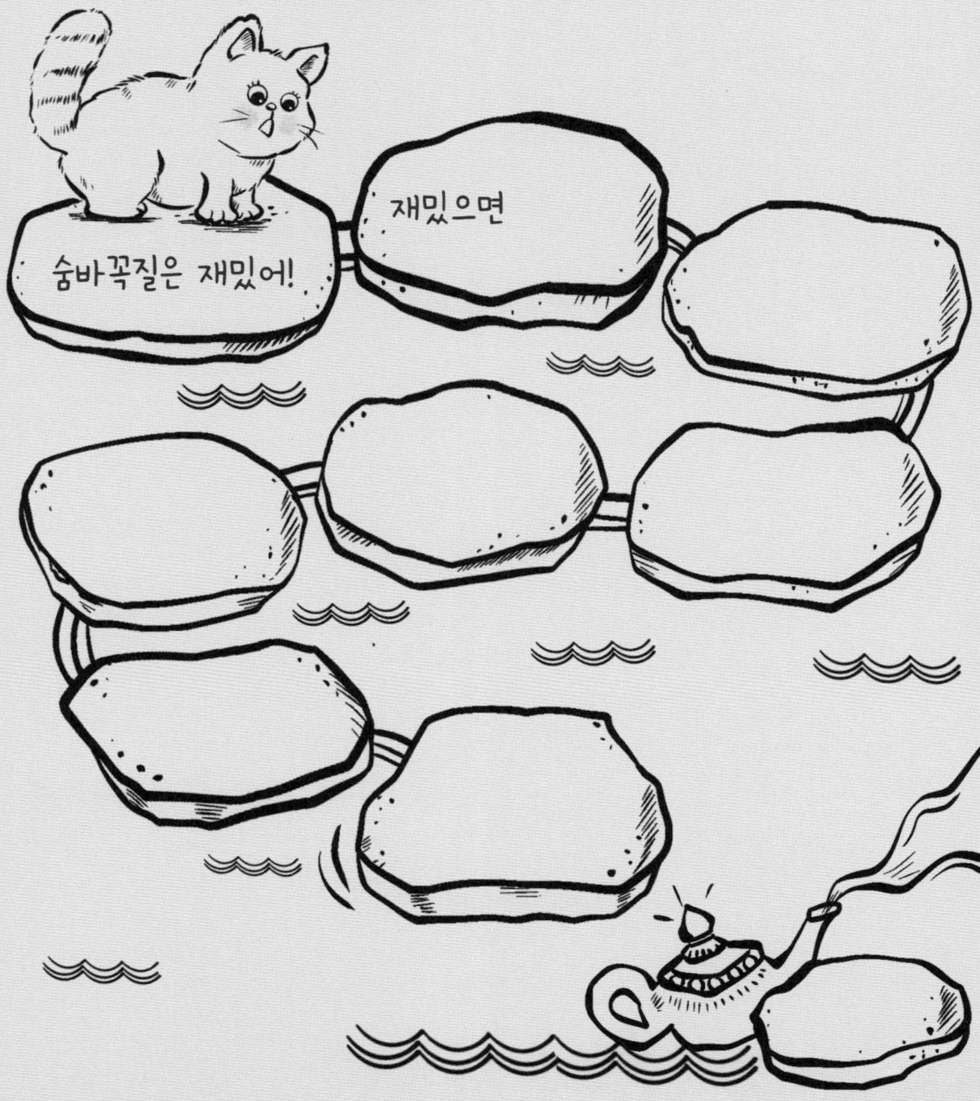

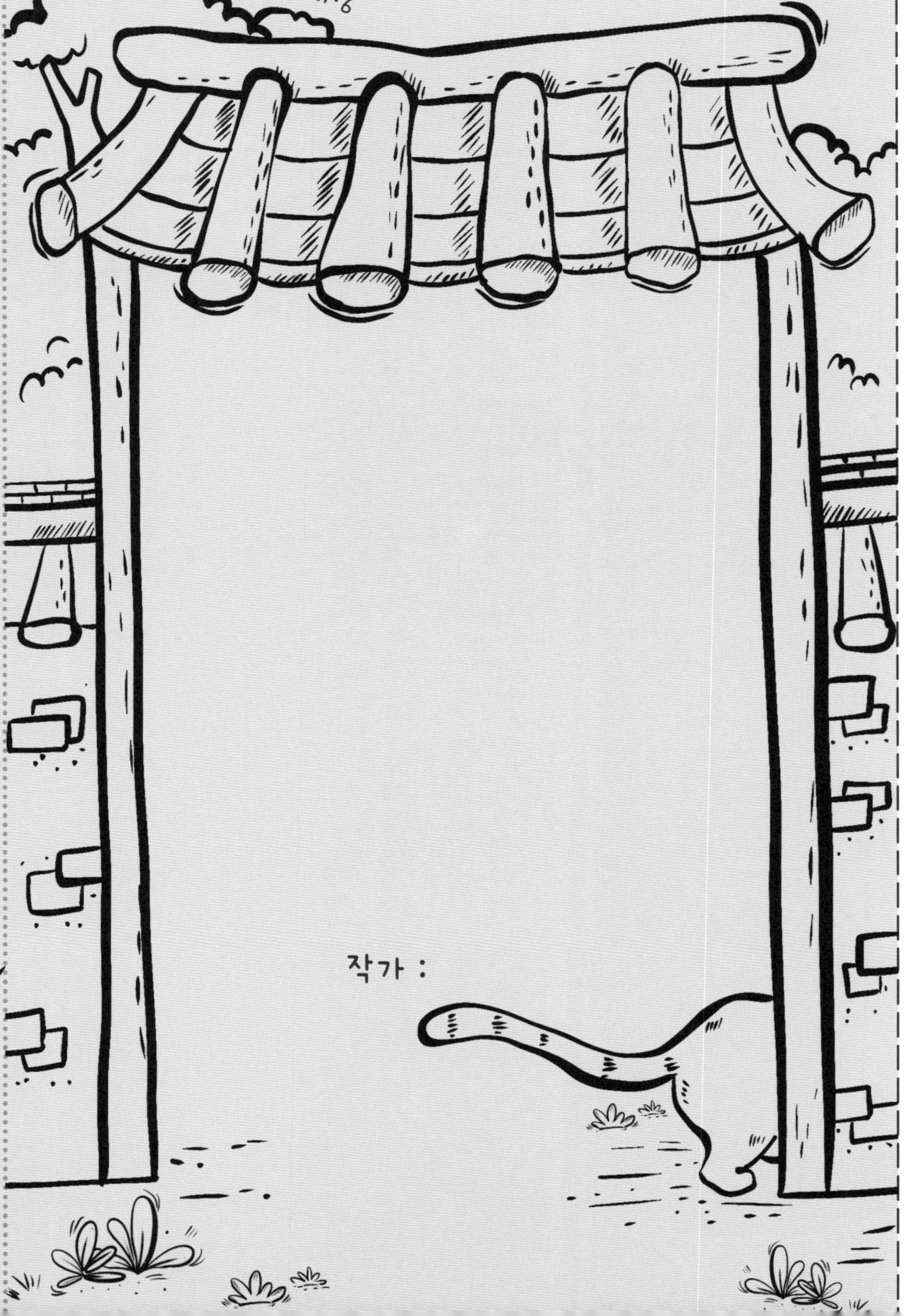

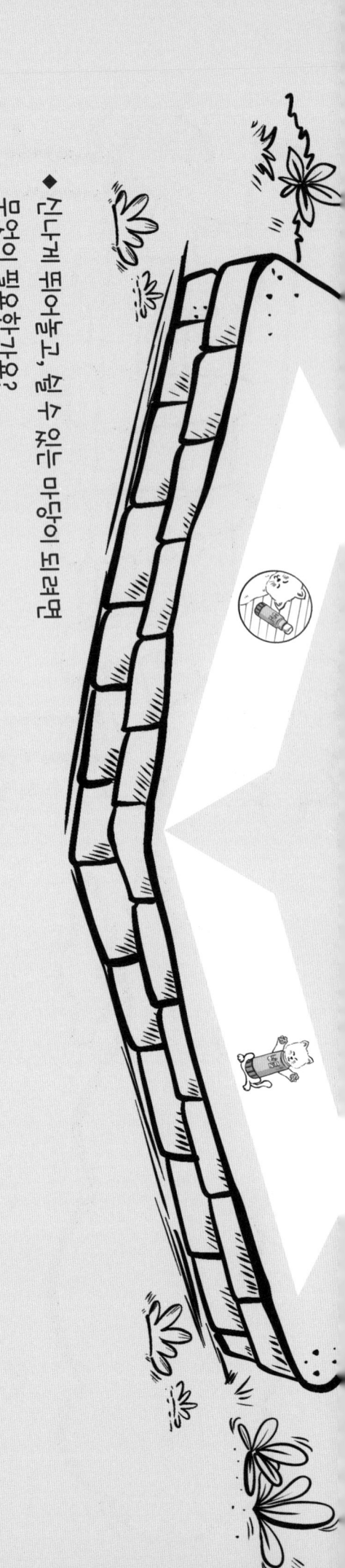

◆ 신나게 뛰어놀고, 쉴 수 있는 마당이 되려면 무엇이 필요한가요?

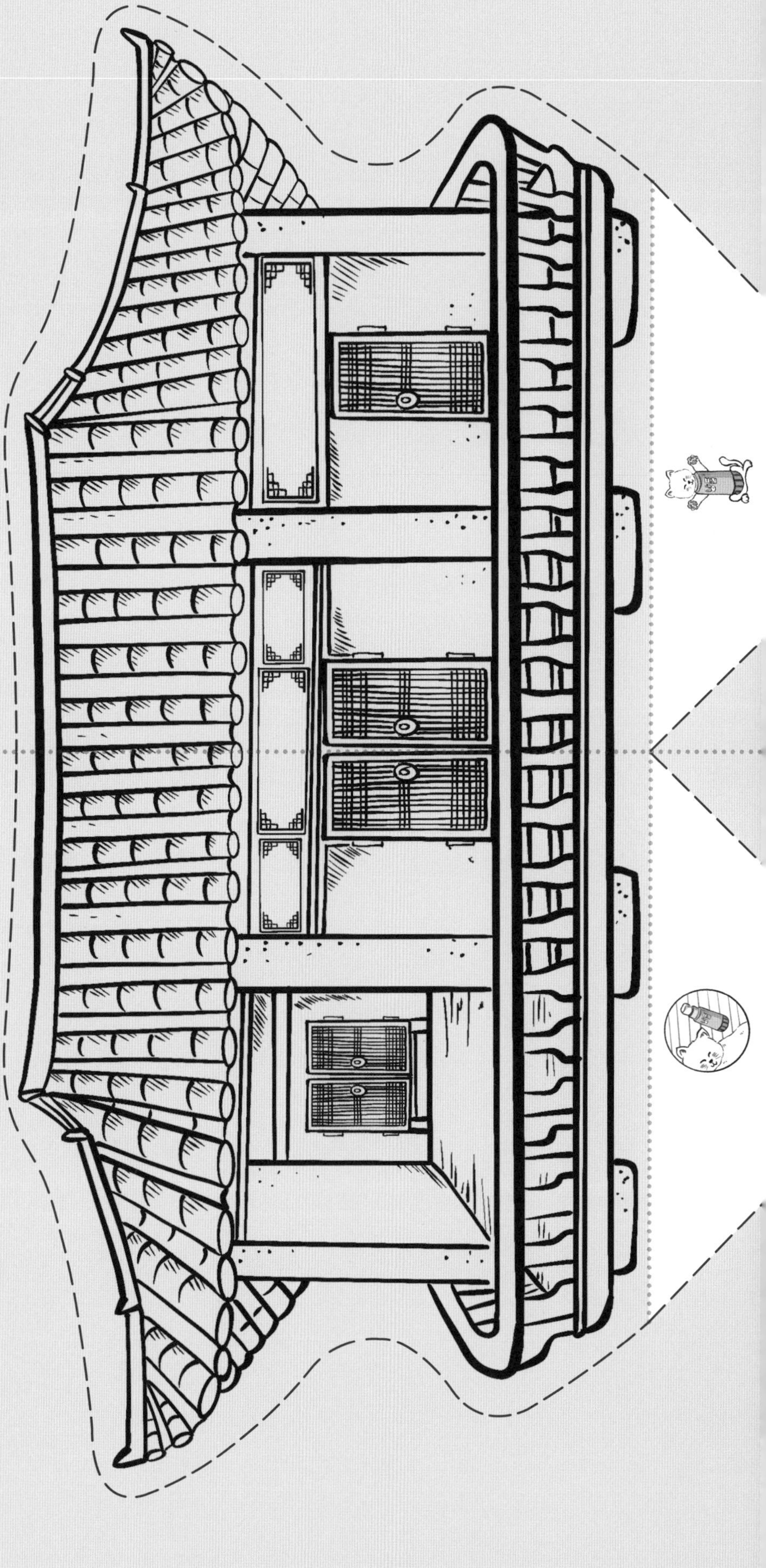

6-2 뛰어놀고 싶은 마당책

7-1 소원을 비는 램프책

또냥이는 『알라딘』을 듣고는 램프의 요정 지니를 꼭 꿈속에서 만나고 싶었어요. 또냥이는 어떤 소원을 말할까요?

<벤 다이어그램>

예) 공통점 적어보기

예) 알라딘의 마음을 써보기.   예) 마법사가 들어주었으면 할 수 있다.

알라딘과 마법사   　　　　　　　　　마법사 소원 지기

◆ 알라딘의 소원 지기와 알라딘과 마법사의 공통점을 구분지어보자.

　　　　　　　　　알라딘의 마음과 꼭 같은 소원을 써보자.

책놀이터·7

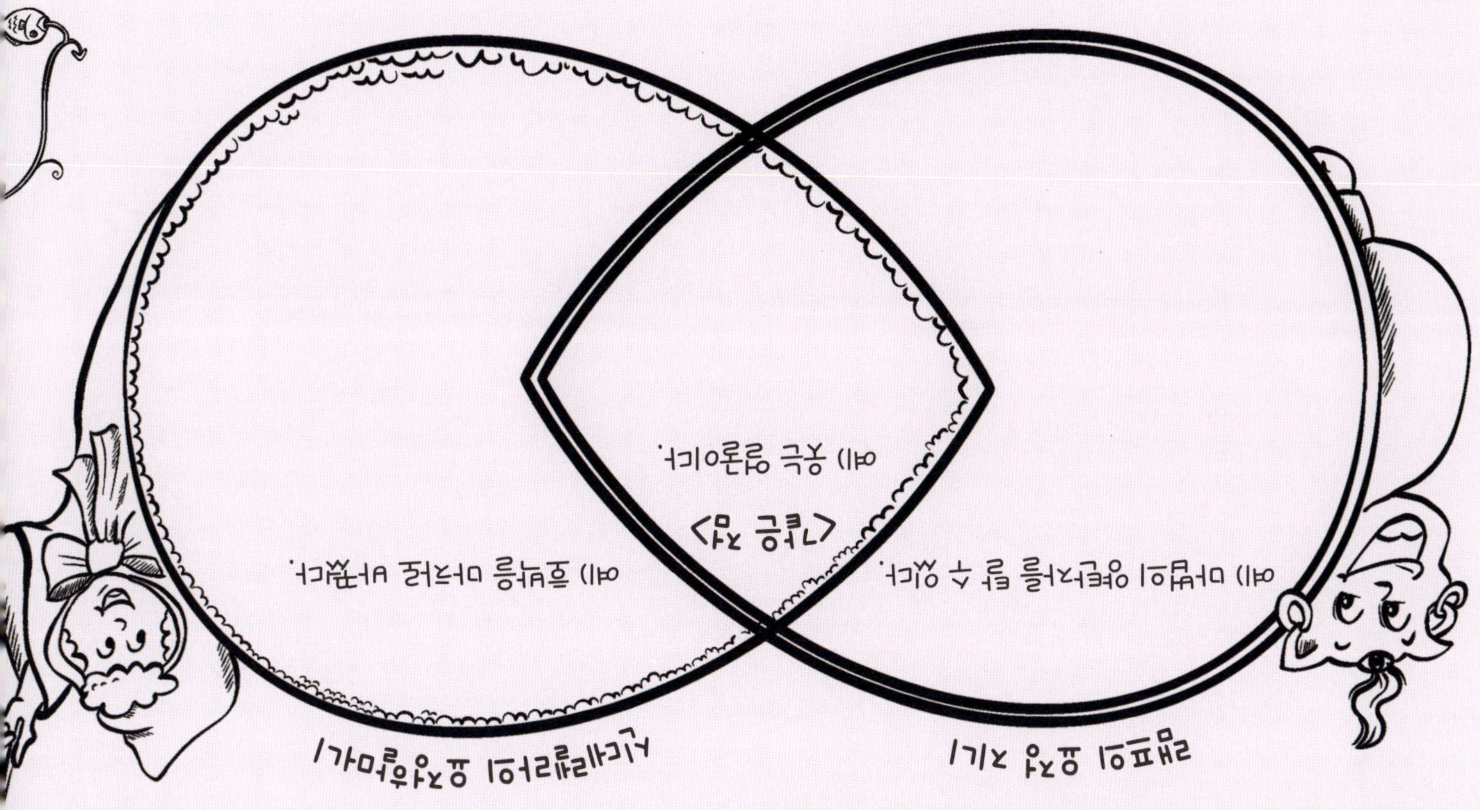

작가 :

◆ 오늘의 가장 기억에 남는 장면은 무엇인가요?

① ～～～～～～～～～～
② ～～～～～～～～～～
③ ～～～～～～～～～～

◆ 오늘 읽은 장면들 가운데 마음에 드는 장면 세 가지를 골라보아요.

① ～～～～～～～～～～
② ～～～～～～～～～～
③ ～～～～～～～～～～

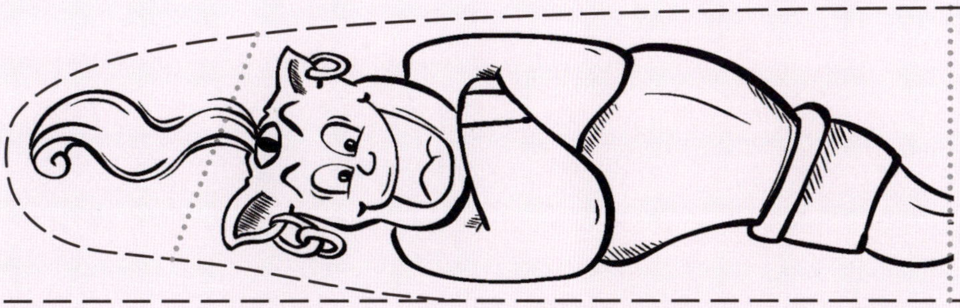

7-2 소원을 비는 램프책

◆ 지니가 사는 요술램프를 멋지게 꾸며서 완성하세요.

8-1 글자 바다 낚시책

오늘은 온 가족이 낚시를 하러 바다에 갔어요. 원이와 또냥이는 글자 낚시를 하고 있네요. 누가 더 많이 잡았을까요?

◆ 물 속 주인공의 이름은 무엇일까요? 주어진 글자들을 순서대로 이어 말해보세요.

① 스리행미
② 팬터피
③ 공어선
④ 젤플라
⑤ 디라힐

◆ 아하, '잔따라귄' 상자라니 낯설지요? 큰 소리로 세 번 외쳐 말해 보세요.

1. 큰따옴표에 멤멤이는 물물해도 멤멤한다.
2. 간잔공작장은 갼공작장이고, 뒤잔공작장은 잔공작장이다.
3. 저기 저 뜸들은 내가 뜸들 뜸들인가 내가 안뜸들 뜸들인가

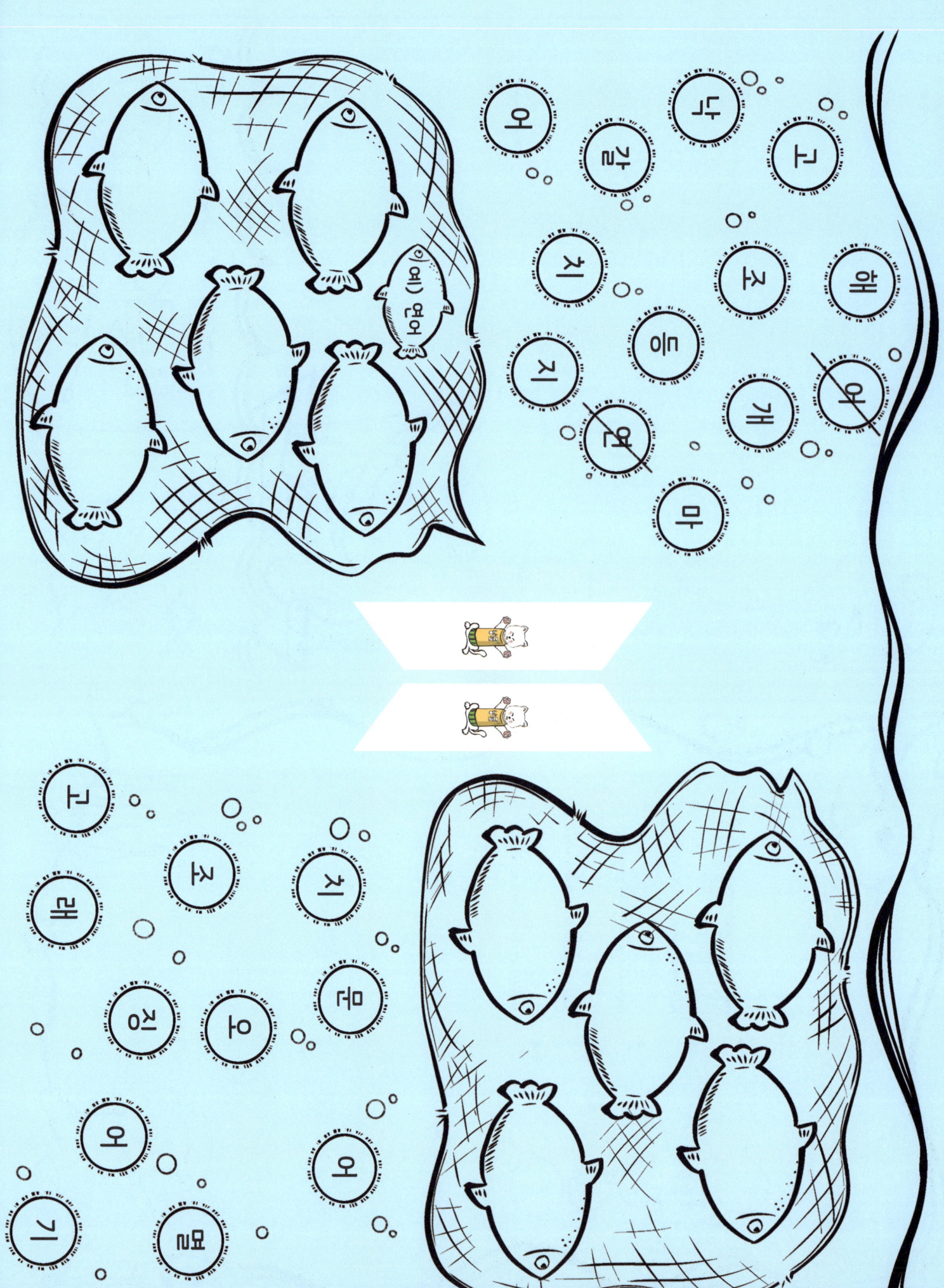

8-2 글자 바다
낚시책

9-1 무시무시한 상어책

바다에서 무시무시한 상어를 만났어요. 이 상어에게서 살아남는 방법은 뭐가 있을까요? 빨리 세 가지만 알려주세요.

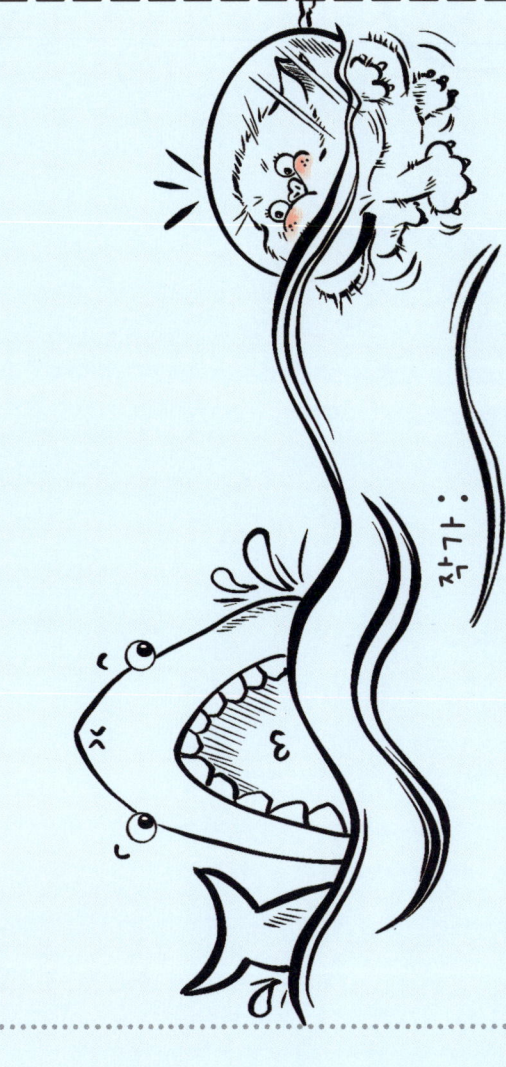
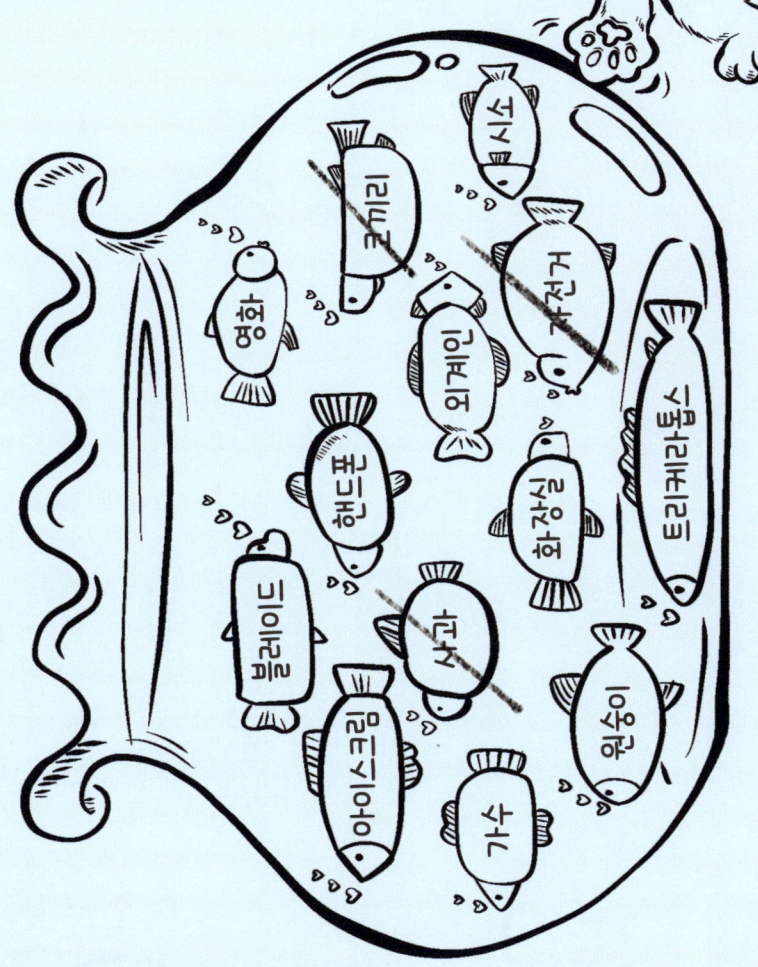

◆ 어항 속에 있는 낱말들을 꺼내며 문장을 만들어보세요.

예) 코끼리가 사과를 먹으며 자전거를 탄다.

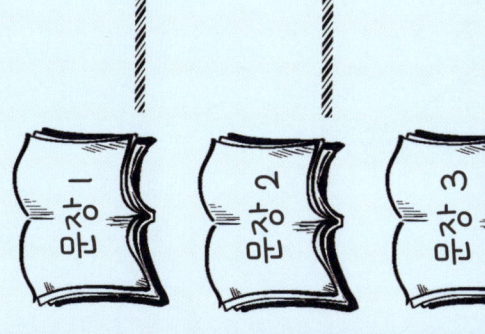

문장 1

문장 2

문장 3

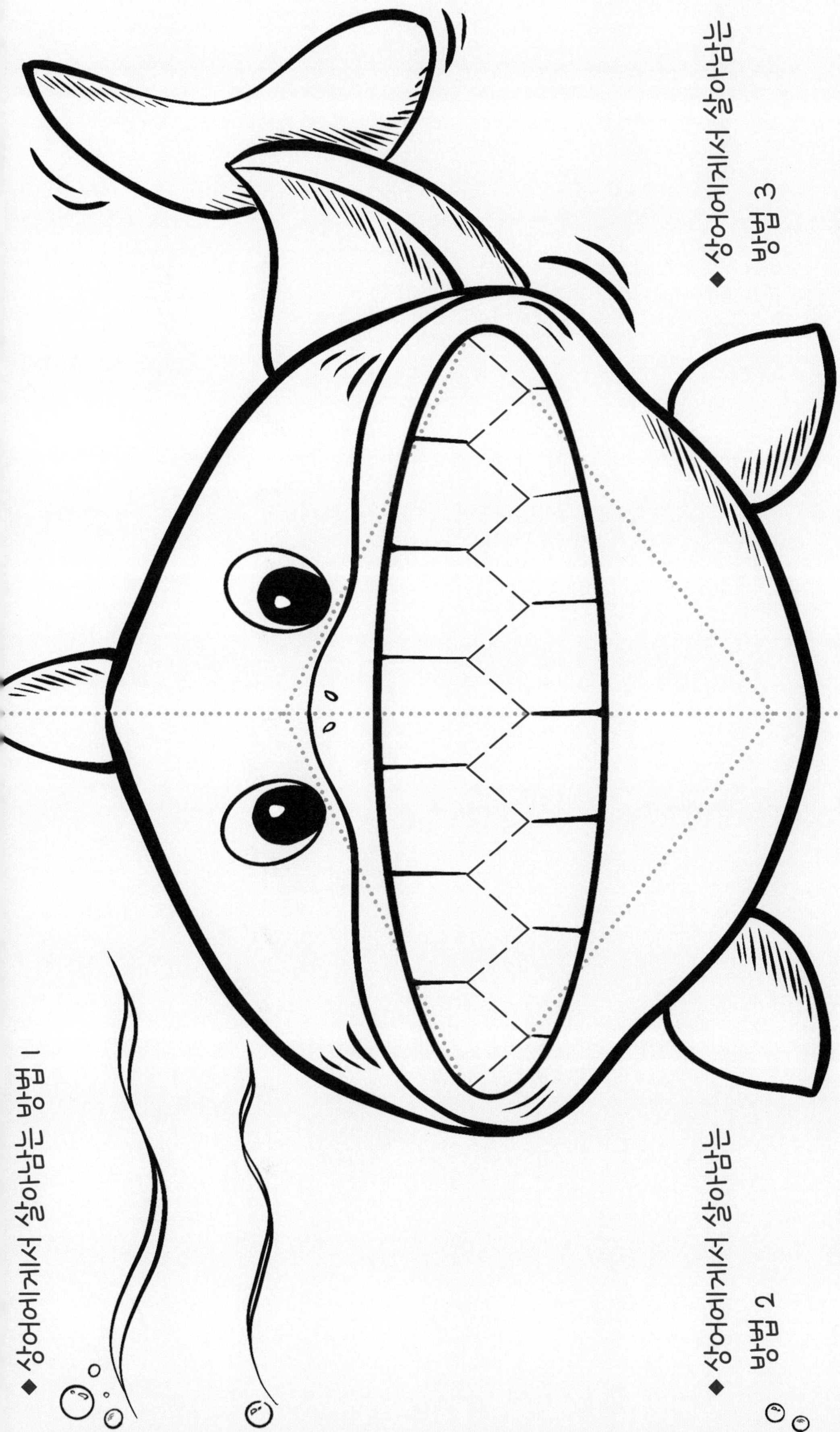

9-2 무시무시한 상어책

◆ 상어에게서 살아남는 방법 3

◆ 상어에게서 살아남는 방법 1

◆ 상어에게서 살아남는 방법 2

10-1 언어 대장 말풍선책

또냥이가 갑자기 동화 속 주인공들에게 한 마디씩 하고 싶다고 하네요.
또냥이는 과연 동화 속 주인공에게 어떤 말을 했을까요?

작가 :

◆ 네 글자로 된 동화 제목의 초성퀴즈를 맞춰보자!

1. ㅍㄴㄱㅇ
2. ㅎㅂㅅㄷ
3. ㅂㅅㅅㅈ
4. ㅅㄷㄹㄹ
5. ㄱㅈㅍㅈ
6. ㅂㅃㄹㅁㅈ
7. ㅇㅈㄱㅈ
8. ㄱㅇㅈㄴ
9. ㅈㅇㅈㅂ
10. ㅇㅇㄱㅈ

7개 이상 맞췄다면 나는야 언어대장! 야호!

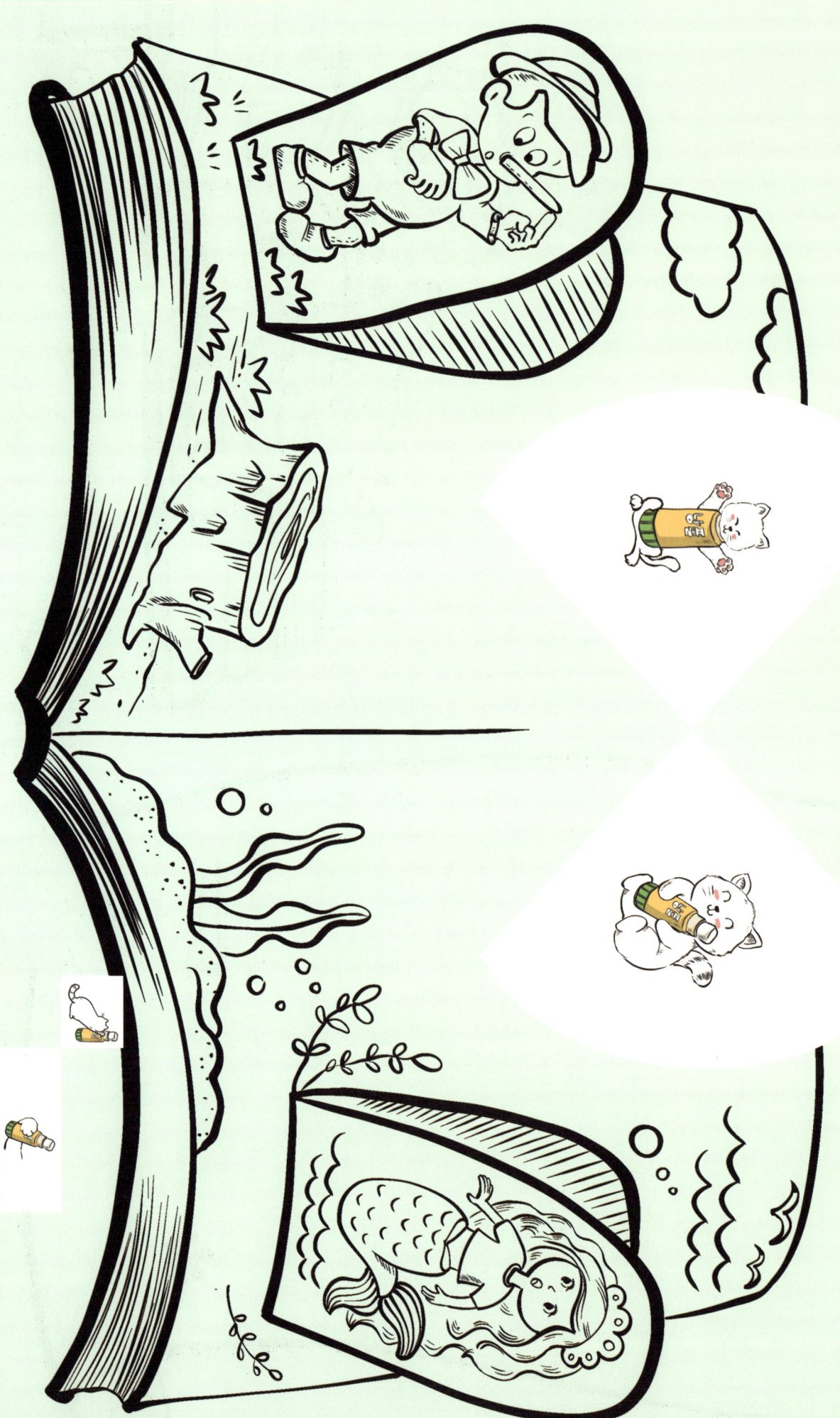

◆ 피노키오와 인어공주에게 하고 싶은 말을 말풍선에 써주세요.

10-2 언어 대장
말풍선책

11-1 슈퍼스타 탄생책

또냥이가 텔레비전을 보다가 갑자기 자기도 슈퍼스타 고양이가 되고 싶다고 해요. 어떻게 꾸며서 대회에 나갈지 방법을 알려주세요.

◆ 또냥이는 요즘 '옹달샘' 노래를 제일 좋아해요. 고양이에게 어울리는 가사로 바꾸고, 불러보세요.

꿈꾸는 코알라

나는 코알라 쿨쿨쿨 잠꾸러기 코알라
깊은 밤 꿈에선 로켓처럼 슝슝슝
먼 우주로 날았죠 신나는 코알라

<옹달샘> 음률에 맞춰 불러요~ ♪♬

꿈꾸는 고양이

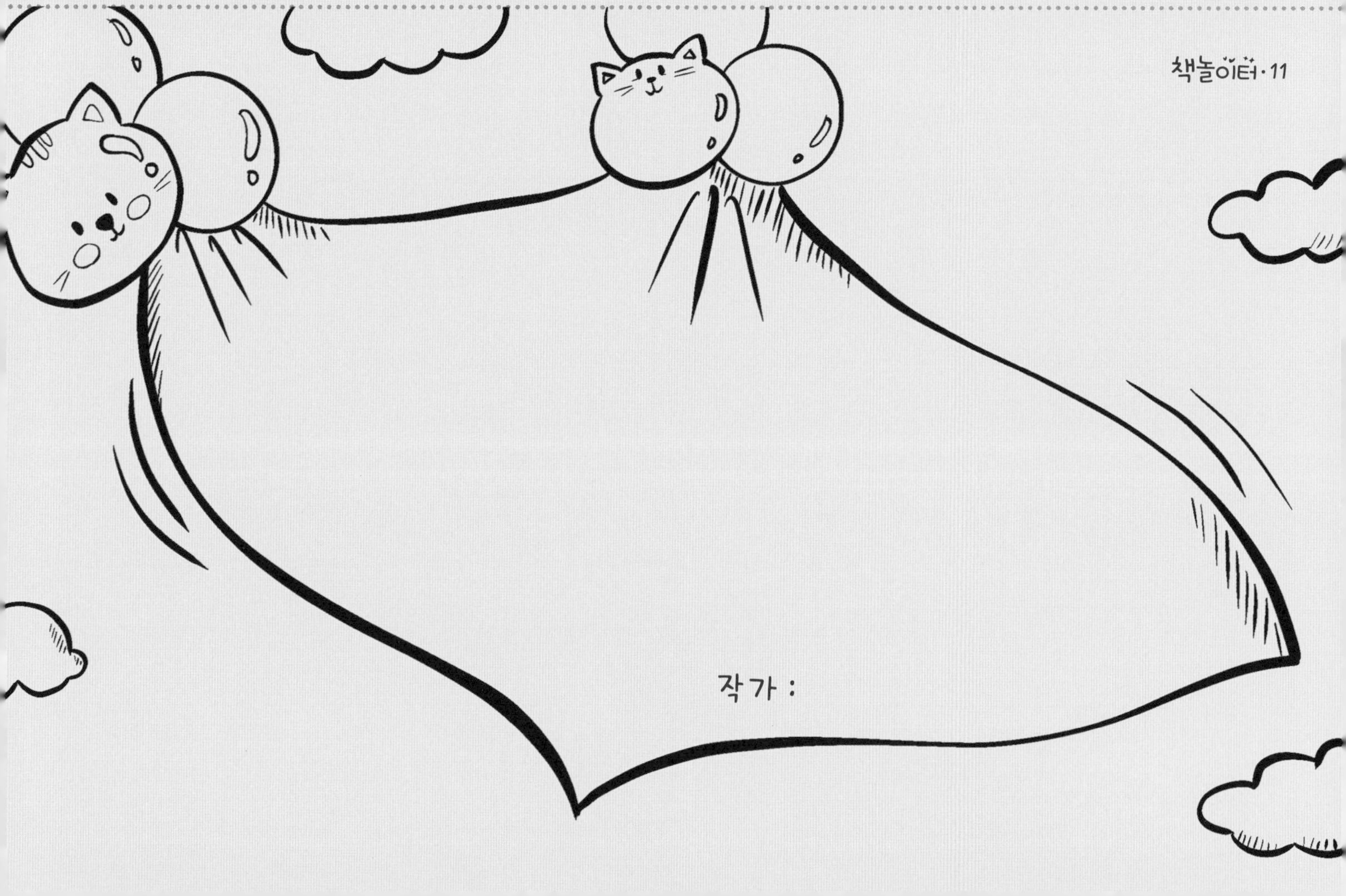

11-2 슈퍼스타 탄생책

슈퍼스타 고양이 대회

슈퍼스타 _____ 를 소개합니다!!!

◆ 무대도 꾸며주고, 주인공 또냥이도 꾸며주세요!

배경 / 주인공 / 바닥

◆ 어떻게 하면 슈퍼스타 고양이가 될까요?

* 털 색깔은 어떻게 바꿀까요? _____
* 어떤 옷을 입힐까요? _____
* 무엇을 더 꾸며줄까요? _____

12-1 고마움을 담은 선물책

슈퍼스타 고양이 대회에서 또냥이가 우승을 했어요.
어떤 선물을 주고 받으며 파티를 하면 좋을까요?

장갑 :

- 감사의 마음을 담은 말 세 가지를 적어보세요.
- 미안한 마음을 담은 말 세 가지를 적어보세요.
- 칭찬하고 싶은 말을 담은 세 가지를 적어보세요.

◆ 모두를 놀라게 할 선물은 무엇일까요? 그림을 그리고, 이유도 써보세요.

12-2 고마움을 담은 선물책

참고하세요.

『문해력 쑥쑥, 또냥이의 책놀이터』는 재미있는 말놀이와 글놀이를 통해서 최대한 많은 어휘에 노출시켜 음운인식력, 이야기 이해력, 상상력을 키워주기 위해 구성하였습니다. '참고하세요'는 선생님이나 학부모가 아이들과 활동하면서 참고하실 수 있도록 예를 들어 놓은 것에 불과합니다. 정답은 없으니 최대한 아이들이 스스로 생각하고, 창의적으로 표현할 수 있도록 도와주세요.

1. 또냥이와 반려동물책

☞ 속지 – 또냥이라고 이름을 지은 이유: 아기 고양이가 계속 "또또 책을 읽어달라냥"이라고 말했기 때문에 / 또냥이는 어디에서 왔을까?: 도서관에서 살다가 길을 잃은 건 아닐까? / 왜 생선가게에서 살게 됐을까?: 책을 잘 읽어주는 원이와 아저씨가 생선가게에 살고 있어서

☞ 뒤표지 – 나의 반려동물: 고양이 / 이름: 기쁨이 / 이름을 지은 이유: 우리 가족에게 기쁨을 주기 때문에 / 먹이: 고양이 사료, 고양이 우유, 간식캔 등 / 특징: 파란 눈의 하얀 털, 분홍색 젤리를 가지고 있으며 잠이 많은 고양이

2. 특별한 붕어빵책

☞ 속지 – 붕어빵 속에 넣을 음식: 연어, 참치, 게맛살, 닭가슴살, 크릴새우 등

☞ 뒤표지 – '붕어빵'으로 끝말잇기: 붕어빵 → 빵집 → 집사 → 사자 → 자석 → 석유 → 유치원 → 원숭이 → 이쑤시개 → 개나리 / '붕어빵'과 어울리는 음식: 어묵 국물, 식혜, 코코아, 야채주스 등

3. 토독토독 우산책

☞ 속지 – '우산'을 보면 떠오르는 낱말: 우비, 장화, 안전우산, 색동우산, 이슬비, 보슬비, 빗방울, 장마, 먹구름, 태풍, 번개, 무지개, 후두둑 후두둑, 쏴아, 주룩주룩, 추적추적 등

☞ 뒤표지 – 비 올 때 소리: 쏴아, 주룩주룩, 또로롱 또로롱, 투다다닥 / 냄새: 풀 냄새, 흙냄새, 하늘 냄새 / 느낌: 촉촉하다, 축축하다, 시원하다, 상쾌하다 / 색깔: 투명색, 무지개 색깔 / '우산' (윤석중 작사): 이슬비 내리는 이른 아침에, 우산 셋이 나란히 걸어갑니다. 파란 우산 깜장 우산 찢어진 우산, 좁다란 학교 길에, 우산 세 개가, 이마를 마주 대고 걸어갑니다.

4. 알록달록 무지개책

☞ 속지 – '무지개' 마인드 맵: 색깔(빨강, 주황, 노랑, 초록, 파랑, 남색, 보라), 그림책(무지개 물고기, 무지개를 찾아서, 무지개 꽃이 피었어요, 도담이와 무지개 도깨비), 선녀(날개 옷, 선녀 바위, 무지개다리), 과학(수증기, 태양광선, 반사, 굴절, 스펙트럼), 상징(희망, 행복) / 색깔을 보고 떠오르는 느낌이나 낱말 – 빨강: 딸기, 모닥불, 무당벌레, 레드카드, 붉은 악마, 소화기, 화났다, 뜨겁다, 정열적이다 등 / 주황: 호박, 오렌지, 농구공, 양파껍질, 감, 구명조끼, 노을 등 / 노랑: 참외, 옥수수, 달, 병아리, 피카츄, 개나리, 해바라기, 옐로카드 등 / 초록: 새싹, 애벌레, 키위, 상추, 알로에, 초록 매실, 강낭콩, 초록 도마뱀, 네잎 클로버, 행운 등 / 파랑: 바다, 하늘,

파랑새, 영화 아바타 등장인물, 트위터, 신호등, 시원하다 등 / 보라: 포도, 도라지꽃, 자색고구마, 라벤더, 콜라비, 블루베리, 아로니아 등 / 하양: 양, 염소, 솜, 구름, 북극곰, 웨딩드레스, 쌀, 소금, 깨끗하다 등 / 검정: 까치, 까마귀, 똥파리, 검정콩, 흑염소, 간장, 타이어, 무섭다, 깜깜하다 등

☞ 뒤표지 - 무지개 삼행시: 무: 무거운 짐을 들고, 지: 지팡이를 짚은 할머니가, 개: 개울을 건너네요. 조심하세요! / 출판 기록: 출간일(2023. 10. 10), 출판사(행복한출판사), 글쓴이(김지수), 그림(김하원), 책가격(25,000원)

5. 알리고 싶은 소개책

☞ 속지 - 또냥이에게 추천하고 싶은 책: 『장화신은 고양이』 / 친구들에게 소개하고 싶은 책: 『100만 번 산 고양이』: 백만 번이나 죽고, 백만 번이나 살아난 줄무늬 고양이가 그 누구도 사랑하지 않고, 자신만이 세상에서 제일 잘난 줄 알다가 하얀 고양이를 만나 사랑을 하고 죽음을 맞이한 이야기야. 난 이 책에서 하얀 고양이가 죽어서 백만 번 산 고양이가 울 때 나도 같이 눈물이 났단다. 친구들아, 너희들도 읽어 보면 고양이의 매력에 푹 빠지게 될 거야.

☞ 뒤표지 - 책 사용법: 책을 도미노 게임에 사용한다. / 냄비 받침대로 쓴다. / 베개로 사용한다. / 책으로 징검다리를 만든다. / 얇은 책은 더울 때 부채로 쓴다. / 비가 올 때는 우산으로 쓰고, 해가 뜨거울 때는 양산으로 쓴다. / 벌레가 기어갈 때 책으로 덮쳐서 잡는다. / 책을 북처럼 신나게 두드리면 악기가 된다. / 그림책으로 터널을 만든다. / 잠이 안 올 때 재미없는 책을 보면 잠이 잘 온다. / 그림책을 발가락으로 넘기는 게임을 한다. / 책쌓기를 하고 올라갔다 내려갔다 하면서 계단 운동을 한다. / 여러 권을 세우면 병풍이 된다. / 자가 없을 때 책을 대고 줄을 긋는다. / 컵라면에 뜨거운 물을 붓고 책을 뚜껑으로 사용한다.

6. 뛰어놀고 싶은 마당책

☞ 속지 - 뛰어놀고 싶은 마당이 되려면 필요한 것: 모래놀이터, 미끄럼틀, 그늘막, 연못 등

☞ 뒤표지 - 꽁지따기 말놀이: 숨바꼭질은 재밌어 → 재밌으면 그네 → 그네는 올라가 → 올라가면 하늘 → 하늘에는 선녀님 → 선녀님은 날개옷 → 날개옷은 가벼워 → 가벼우면 개미 → 개미는 힘이 쎄 → 힘 쎈 건 슈퍼맨 → 슈퍼맨은 용감해 → 용감한 건 경찰 → ….

7. 소원을 비는 램프책

☞ 속지 - 또냥이의 소원: 붕어빵 만드는 기계를 사주세요. 원이가 학교 안 가고 나랑 책 읽으며 놀게 해주세요. 아저씨랑 낚시를 일주일에 한 번씩 가게 해주세요. 고양이 나오는 그림책을 몽땅 읽어주세요. 나를 주인공으로 책을 만들어 주세요 등 / 우리 친구들의 소원: ….

☞ 뒤표지 - 지니와 요정할머니의 같은 점: 소원을 들어준다. 요정이다. 알라딘과 신데렐라의 이야기는 그림책도 있고, 영화로도 만들어졌다 등 / 다른 점: 램프의 요정 지니(램프에서 산다, 램프를 어루만져야 세상에 나올 수 있다, 주인님의 부탁만 들어준다, 덩치가 큰 남자다 등), 신데렐라의 요정할머니(요술 봉이 있다, 할머니다. 착한 사람이 어려울 때 나타나 도와준다. 동물들과 말을 할 수 있다 등)

8. 글자 바다 낚시책

☞ 속지 - 원이의 그물: 고등어, 해마, 갈치, 조개, 낙지 / 또냥이의 그물: 문어, 멸치, 오징어, 고래, 조기

☞ 뒤표지 - ① 앨리스 / ② 피터팬 / ③ 손오공 / ④ 라푼젤 / ⑤ 알라딘

9. 무시무시한 상어책

☞ 속지 - 상어에게서 살아남는 방법: 상어와 마주 보고 눈싸움을 한다. 상어의 눈이나 아가미를 세게 때린다. 빨리 헤엄쳐서 나온다 등

☞ 뒤표지 - 원숭이가 색종이로 블레이드를 접다가 힘들어서 아이스크림을 먹었다. /트리케라톱스가 나오는 영화를 핸드폰으로 봤더니 공룡이 작게 느껴졌다. /가수가 되고 싶은 외계인이 지구에 와서 제일 먼저 신나게 시소를 탔다.

10. 언어대장 말풍선책

☞ 속지 - 피노키오에게 하고 싶은 말: 피노키오야, 제발 할아버지 말씀 좀 들어라! 너 때문에 할아버지가 너무 힘드시잖니. / 인어공주에게 하고 싶은 말: 인어공주야, 왕자님께 편지를 써! 바다에서 왕자님을 살려준 건 이웃나라 공주가 아니라 너라고 말이야.

☞ 뒤표지 - 동화제목 초성퀴즈: ① 피노키오 / ② 흥부놀부 / ③ 백설공주 / ④ 신데렐라 / ⑤ 콩쥐팥쥐 / ⑥ 빨간모자 / ⑦ 엄지공주 / ⑧ 견우직녀 / ⑨ 백조왕자 / ⑩ 인어공주

11. 슈퍼스타 탄생책

☞ 속지 - 털 색깔은 어떻게 바꿀까?: 화려한 핑크색으로 꼬리만 염색한다. / 어떤 옷을 입힐까?: 하얀색 털이 돋보이도록 반짝이가 들어간 화려한 원피스 / 또 무엇을 신경 써야 할까?: 노래와 춤 연습, 무대에서 걷는 법 등을 연습시킨다.

☞ 뒤표지 - '꿈꾸는 고양이' 노래 가사: 나는 고양이 동화책을 좋아하는 고양이, 꿈속에서 나는 멋지게 책을 읽었죠, 베스트셀러 작가 되어 춤추는 고양이

12. 고마움을 담은 선물책

☞ 속지 - 또냥이 선물: 고양이가 주인공인 그림책, 연어가 들어간 붕어빵, 고양이용 낚싯대 등/원이 선물: 곱슬머리에 어울리는 모자, 어린이 낚싯대 등/생선가게 아저씨 선물: 최신식 수족관, 물에 젖지 않는 멋진 앞치마 등

☞ 뒤표지 - 감사의 마음을 담은 말: 정말 고마워. 도움을 주셔서 감사해요. 언제나 감사한 마음입니다. 덕분에 큰 힘이 되었어요 등/미안한 마음을 담은 말: 진짜 미안해. 진심으로 죄송합니다. 폐를 끼쳐 부끄럽습니다 등/응원하고 싶을 때 하는 말: 너는 최고야! 넌 할 수 있어! 당신은 정말 멋져요! 저는 당신이 해낼 거라 굳게 믿습니다! 등

🐾 또냥이와 놀아요.

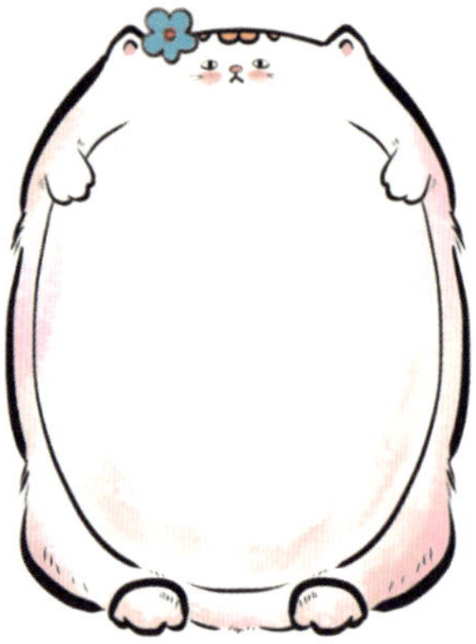